Schriften
der Wissenschaftlichen Gesellschaft in Straßburg
22. Heft

Die Bevölkerung Mittelamerikas

Vortrag
gehalten in der Wissenschaftlichen Gesellschaft
zu Straßburg
am 22. November 1913,
nachträglich erweitert und mit Anmerkungen versehen.

Von

Karl Sapper.

Siebenter Jahresbericht.

Erstattet von

Harry Breßlau.

Straßburg · 1914 · Karl J. Trübner

Die am 6. Juli 1906 gegründete Wissenschaftliche Gesellschaft in Straßburg, die Vertreter aller Zweige der Wissenschaft umfaßt, veröffentlicht wissenschaftliche Arbeiten verschiedenen Inhalts und Umfangs, die in zwangloser Folge erscheinen und einzeln käuflich sind; sie werden mit laufenden Nummern bezeichnet. Eine Zusammenfassung in Bänden ist nicht beabsichtigt.

Schriften
der Wissenschaftlichen Gesellschaft in Straßburg
22. Heft

Die Bevölkerung Mittelamerikas

Vortrag
gehalten in der Wissenschaftlichen Gesellschaft
zu Straßburg
am 22. November 1913.

Von

Karl Sapper.

Siebenter Jahresbericht.

Erstattet von

Harry Breßlau.

Straßburg
Karl J. Trübner
1914

Die Bevölkerung Mittelamerikas.

Vortrag
gehalten in der Wissenschaftlichen Gesellschaft
zu Straßburg
am 22. November 1913,
nachträglich erweitert und mit Anmerkungen versehen.

Von

Karl Sapper.

Straßburg
Karl J. Trübner
1914

Der vor wenigen Wochen (am 29. Sept.) still vorüber gegangene 400jährige Gedenktag einer der bedeutsamsten und folgenschwersten geographischen Taten (der Entdeckung der Südsee durch Vasco Nuñez de Balboa), und das jetzt der Vollendung entgegengehende Riesenwerk des Panamakanals lenken neben den gegenwärtigen Kämpfen in Mexiko unsere Blicke zurzeit immer wieder mit magischer Gewalt nach jenen Gebieten, wo die Kontinentalmassen von Nord- und Südamerika sich begegnen: nach Mittelamerika. Dorthin möchte auch ich Sie im Geiste führen und Sie bitten, mit mir eines der interessantesten Probleme, die jenes schöne Tropenland bietet, zu betrachten: das Problem der Bevölkerung und seiner Zukunft.

Mittelamerika ist ein Gebiet von der $1^1/_2$ fachen Größe des deutschen Reichs, sehr langgestreckt (ca. 1800 km)[1]), vielgestaltig nach Umrissen, Oberflächengestaltung, Klima und sonstigen natürlichen Verhältnissen. Die niedrigen, schmalen Landengen von Tehuantepec und Panamá trennen Mittelamerika mehr von den benachbarten Kontinenten, als sie sie verbinden, und eine dritte noch tiefere Gelände-Einsenkung, angedeutet durch die großen Seen Nicaraguas und das tiefe Tal des Rio San Juan, gliedert das mittelamerikanische Land in zwei ungleiche Hauptgebiete: ein nördliches mit einem großen und breiten, durch viele Parallelketten ausgezeichneten jungtertiären Kettengebirge mit Höhen bis 3800 m, und ein südliches kleineres mit einer noch etwas höheren, energisch gekrümmten ebenfalls jungen Gebirgskette. Zwischen beiden Hauptgebirgszügen dehnen sich mäßig hohe Landflächen aus; dem Verlauf der Südseeküste aber folgen mächtige jungeruptive Rückengebirge und lange Reihen von Vulkanen, von denen einige in einfacher ungebrochener Kurve von der Küstenebene bis zu mehr als 4000 m Höhe aufsteigen..

Die verschiedensten geologischen Formationen und Gesteinsarten beteiligen sich am Aufbau Mittelamerikas und liefern zahlreiche technisch wertvolle Materialien für Bauten aller Art, für Geräte, Töpferei u. dgl., Erze kommen aber nur in wenigen Gegenden in größeren Mengen vor; dagegen ist der Boden vielfach durch große Fruchtbarkeit ausgezeichnet, so ganz besonders in der Nähe der Vulkane.

Da Mittelamerika ganz innerhalb der Tropen liegt, so wäre sein Klima allenthalben gleichmäßig warm — mit etwa 26° C. mittlerer Jahrestemperatur —, wenn nicht die bedeutenden Erhebungen eine starke Wärmeabstufung hervorriefen: in der Tierra caliente, dem malariadurchseuchten „heißen Land", d. i. den Niederungen bis etwa 600 m Meereshöhe hinauf, wo Kautschuk- und Kakaobäume wild wachsen, herrscht fast ständig hohe Wärme. In der gesünderen Tierra templada, dem „gemäßigten Land", d. i. der Region zwischen 600 und 1800 m Höhe, wo der Kaffeebaum seine besten Kulturbedingungen findet, sind die Temperaturen schon weit kühler, indem die Jahresmittel bereits zwischen etwa 23° und 17° C. schwanken. Noch höher oben in der Tierra fria, dem malariafreien „kalten Lande", stellt sich bereits alljährlich Frost ein. Hier haben die eingeführten europäischen Getreidearten und Fruchtbäume eine neue Heimat gefunden und ihr Anbau steigt ebenso wie der der alteinheimischen Nahrungspflanzen, Bohnen und Mais, bis etwa 3200 m Höhe empor d. h. bis zur Region gelegentlichen Schneefalls, in welche geschlossene Laubwälder noch ein wenig, geschlossene Nadelwälder aber noch beträchtlich weit hinaufreichen. Nur die höchsten Vulkangipfel überragen die bei ca. 4000 m liegende Baumgrenze [2]).

Infolge der geringen Breite der Landfläche ist das Klima Mittelamerikas überall ozeanisch, entbehrt also bedeutender Temperaturschwankungen — abgesehen von gelegentlichen winterlichen Kälteeinfällen vom nahen Nordamerika her. Bedeutend sind dagegen die Unterschiede im Regenfall, sowohl hinsichtlich der Menge, als der zeitlichen Verteilung: die gesamte atlantische Abdachung, die den Passaten und den winterlichen Nordwinden ausgesetzt ist, erhält das ganze Jahr über ansehnliche Niederschläge und entbehrt einer eigentlichen Trockenzeit ganz; Monsunwinde und der abgelenkte Südostpassat bringen zudem der pazifischen Abdachung des nordwestlichen Mittelamerika während eines großen Teiles des Jahres starke Regenmassen und lassen nur eine kurze Trockenzeit zur Entwicklung gelangen. Alle übrigen Teile Mittelamerikas — einschließlich der flachen nördlichen Gebiete Yucatans — erhalten nur während des gewitterreichen Sommerhalbjahrs mäßige Niederschläge, sind aber sonst regenlos.

Diese Gegensätze sprechen sich natürlich auch deutlich in der Wasserführung der Flüsse aus: reine Urwaldflüsse zeigen viel geringere Wasserstandsschwankungen, als Wasserläufe der periodisch trockenen Gegenden; darum sind auch nur Urwaldflüsse bei sonst günstigen Verhältnissen dauernd schiffbar, ein Umstand, der ebenso sehr wie die Hemmnisse der Vegetation dahin gewirkt hat, daß in den Urwaldgebieten die Flüsse die Hauptverkehrsstraßen wurden und noch sind. Die Bewässerung ist überall in Mittelamerika reichlich oder wenigstens genügend, wo wasserundurchlässige Gesteine anstehen; nur im Gebiet der wasserdurchlässigen Kalksteine und vulkanischen Tuffe wird die Wasserversorgung oft schwierig. Große und kleinere Seen, in denen waldige Bergketten oder straffgezeichnete Vulkane sich spiegeln, sind in großer Zahl vorhanden.

Herrliche, üppige Urwälder bedecken die regenreichen Landschaften, dürftige Savannen und Strauchsteppen die Gebiete mit langanhaltender Trockenzeit, lichte Eichen- und Nadelholzwälder die Übergangsflächen mit mäßigen Niederschlägen. Aber von den nordischen Nadelhölzern finden Tannen schon in Guatemala, Kiefern in Nicaragua ihre äquatoriale Grenze und mit den Kiefern macht eine reiche Gefolgschaft weiterer Gewächse an der tiefen Senke von Nicaragua Halt. In Costarica und Panamá fehlen nordamerikanische Florenelemente fast völlig und an ihre Stelle sind südamerikanische Typen getreten. Wir schließen daraus, daß die Nicaraguasenke, wo wohl am längsten eine Wasserverbindung zwischen der Südsee und dem karaibischen Meere bestanden haben dürfte, die eigentliche floristische Grenze zwischen Nord- und Südamerika darstellt. Viel weniger durchgreifend, aber immerhin noch deutlich erkennbar, hat die Nicaraguasenke als faunistische Grenze gewirkt — am wenigsten noch in der östlichen regenfeuchten Urwaldzone, wo zahlreiche südamerikanische Säugetiere die Grenze überschritten haben und zum Teil sogar noch bis über den Isthmus von Tehuantepec vorgedrungen sind.

Als Völkerscheide hat sich die große Querniederung Nicaraguas nur insoferne noch bewährt, als die jüngste südamerikanische Einwanderung, die der Chibchastämme mit ihrer besonderen Kultur, sie nicht mehr überschritten hat. Aber mancherlei Kulturzusammenhänge und, wo diese undeutlich werden, nach Walther Lehmann sprachliche Beziehungen[3]) weisen darauf hin, daß in viel älterer Zeit zahlreiche weitere südamerikanische Stämme nach Norden vorgedrungen waren und bis Südostguatemala ihre Sitze vorgeschoben hatten. Tradition und Geschichte wissen sogar von vereinzelten noch weiter ausgreifenden Vorstößen südamerikanischer Indianer zu berichten (Chiapaneken, Huaves und — erst 1796 — Karaiben). Im übrigen ist aber sonst der ganze Norden Mittelamerikas und ein Streifen Landes längs der pazifischen Küste bis zum großen Nicaraguasee hin von Indianervölkern bewohnt, deren ganze Kultur, wie z. T. auch ihre Geschichte, unzweideutig auf eine Herkunft aus dem nördlichen Amerika hinweist. So ergibt sich denn, daß Mittelamerika auch in anthropologischer und ethnischer Hinsicht die Verbindungsbrücke zwischen Nord- und Südamerika darstellt.

Wir müssen also zwei große Gruppen von Indianervölkern in Mittelamerika unterscheiden: solche nördlicher und solche südlicher Herkunft, jede mit bestimmten Besonderheiten der geistigen und materiellen Kultur. Aber hier wie dort brachte die besondere Beschaffenheit des Wohnraums, vor allem der Gegensatz zwischen Urwald und offener Landschaft, wieder tiefgreifende Unterschiede hervor. Die offene Landschaft war — und ist bis auf den heutigen Tag — der Kulturentwicklung und Volksvermehrung ganz wesentlich günstiger als der Urwald. Dem widerspricht auch die Tatsache nicht, daß eine große Zahl der bedeutendsten altindianischen Ruinen in den Urwäldern von Chiapas, Guatemala und Yucatan, überwuchert von tropischem Schlingwerk, dahinträumt, denn hier handelt es sich wohl um Bauten versprengter Volksteile, die ihre hohe Kultur in die einsamen Wälder mitgebracht hatten, aber dort allmählich im Kampf mit der übermächtigen Natur unterlegen sind.

Die Kultur der nördlichen Stämme ist offenbar die bedeutendere, kräftigere gewesen, und es scheint, daß sie lange vor der Ankunft der Spanier schon auf die der südlichen Völker eingewirkt hätte. Das zeigt sich namentlich in manchen Objekten der materiellen Kultur, welche die Völker der älteren südamerikanischen Einwanderung von ihren nördlichen Nachbarn übernommen haben, die aber denen der jüngsten südamerikanischen Masseneinwanderung fehlen. —

Auch hinsichtlich des Landbaus zeigen sich die Gegensätze der nord- und der südamerikanischen Bevölkerungselemente. Mais, Bohnen, Maniok und Bananen werden im ganzen Gebiet von den Indianern angebaut, aber doch so, daß Mais und Bohnen bei den nördlichen Stämmen die Grundlage der Volksernährung darstellen, Maniok und Bananen neben der Pejivallepalme aber bei den südlichen. — Ackerbau ist bei beiden Elementen der mittelamerikanischen Eingeborenen die Hauptbeschäftigung; er wird aber bei den nördlichen Stämmen nur von Männern, bei den südlichen vorzugsweise von Frauen ausgeübt. In den Waldgebieten spielten und spielen neben Ackerbau Jagd, Fischfang und Sammeln von Schnecken, wildem Honig u. dgl. eine sehr bedeutende Rolle; in den dichter bevölkerten offenen Landschaften treten diese aber ganz zurück. Haustiere gab es vor der Ankunft der Spanier nur wenige: Truthühner, haarlose nicht bellende Hunde und Schweine. Daß Viehzucht fast völlig fehlte und infolgedessen auch das Verkehrswesen auf einer niedrigen Stufe verblieb, erklärt sich aus der dürftigen natürlichen Ausstattung des Gebiets, das keine weiteren domesticierbaren Tiere aufwies. Was aber sonst die Natur Mittelamerikas an verwendbaren Schätzen bot, das haben die höherstehenden Indianervölker der alten Zeit bereits reichlich ausgenützt; ja, man darf sagen, daß manche derselben ihre materielle Kultur auf eine so beträchtliche Höhe erhoben, als den natürlichen Hilfsquellen des Gebiets überhaupt entsprach. Die geistige Veranlagung dieser Völker muß sehr hoch gewesen sein, wie man nach den erhaltenen künstlerischen Objekten und nach den für die nördlichen Stämme reichlich fließenden geschichtlichen Quellen schließen darf.

Trefflich waren die Staatswesen[4]) vieler der nördlichen Völker organisiert. In den meisten Reichen der Mayavölker herrschte ein König, der von den Vornehmsten des Reiches aus dem Kreis der königlichen Familie gewählt wurde und sich durch vorherige Bekleidung niedrigerer Ämter für die Regierungsgeschäfte vorbereitet haben mußte. Die Könige und sonstigen Großen waren zwar durch kostbare Kleidung, Thronsessel, Befreiung von niederen Arbeiten, Reverentialformen in der Anrede u. dgl. vor den anderen ausgezeichnet, aber sie waren doch nur die obersten Staatsbeamten, denn sie waren den Vornehmen und Dorfältesten für ihr Tun verantwortlich und konnten von diesen nach dem Gesetz sogar abgesetzt und mit dem Tode bestraft werden. Tribute und Frohnen der Dorfgemeinden brachten die Kosten der Verwaltung auf. Die Gesetze waren sehr streng und wurden unnachsichtlich durchgeführt; hart und streng waren auch die religiösen Vorschriften und Gebräuche, bei denen Selbstpeinigungen, Fasten und Kasteiungen aller Art, auch Menschenopfer eine große Rolle spielten. Teile der Geopferten wurden von den Häuptlingen, den Priestern und dem kirchlichen Personal als geweihte Speisen gegessen; das Volk war am Menschenmahle nicht beteiligt, ergab sich aber bei den großen Kirchenfesten mehrtägigen Gelagen. Bei den Quichéindianern wurden während dieser Feste 3 Reichsverweser zur Besorgung der laufenden Regierungsgeschäfte bestellt, damit auch die Könige sich einmal betrinken konnten[5]). In der festfreien Zeit herrschten aber allenthalben strengste Mäßigkeit und fleißige Arbeit; Handel und Verkehr blühten; große Märkte wurden unter obrigkeitlicher Aufsicht abgehalten; reisende Handelsleute verschiedener Nationen, namentlich aber der aztekischen, vermittelten die Produkte verschiedener Völker und trugen nicht Weniges zur gegenseitigen Durchdringung und Assimilierung der nördlichen Kulturen bei. Auch Wissenschaft und Kunst fanden in diesen Staaten sorgsame Pflege, so daß man die Verhältnisse im nördlichen Mittelamerika in der Zeit vor der Conquista als durchaus zufriedenstellend ansehen dürfte, wenn nicht eine allzuweit gehende politische Zersplitterung und häufige gegenseitige Kriege auch starke Schatten in das lichtvolle Bild geworfen hätten. Die politische Zersplitterung war begünstigt durch die außergewöhnliche Sprachenvielheit, die ihrerseits wieder im gebirgigen Charakter des Landes und den vielfältigen sonstigen Verkehrserschwerungen ihre Haupterklärung finden mag. Nur da, wo das Gelände etwas übersichtlicher ist und starke Volksmengen eine einheitliche Sprache sprachen, konnten sich große Staatsgebilde entwickeln, so das Mayareich in Yucatan und das Quichéreich in Guatemala. Aber ersteres war schon (1446 nach der Eroberung ihrer Hauptstadt Mayapan) zerfallen, letzteres durch den Abfall der Cakchiqueles und Zutuhiles geschwächt, bevor noch die Spanier ins Land kamen[6]).

Über Geschichte und Regierungsform der südlichen Stämme wissen wir wenig. Aus Nicaragua wird berichtet, daß neben der repräsentativ-monarchischen auch die republikanische Regierungsform heimisch war. Bei den Stämmen von Costarica und Panamá dürften schon ehedem wie noch heute Monarchien mit mutterrechtlicher Erbfolge bestanden haben. Bei manchen südlichen Stämmen der atlantischen Abdachung war die Kulturhöhe sehr gering, wie wir aus des Columbus Schilderungen seiner letzten Reise 1502/03 wissen.

Über die Zahl der Indianer in der Zeit vor der Conquista lassen sich keine zuverlässigen Angaben machen. Nach den geschichtlichen Quellen und nach den zahlreichen Funden altindianischer Siedelungen in Gegenden, die jetzt gar nicht mehr oder äußerst dünn bevölkert sind, möchte ich annehmen, daß ihre Zahl die der gegenwärtigen Bevölkerung (ca. 6 Millionen) entschieden noch übertroffen haben dürfte. Die relative Verteilung der Bevölkerung über das Gesamtgebiet scheint aber mit wenigen Ausnahmen ähnlich gewesen zu sein, wie noch gegenwärtig, d. h. die Hauptmasse der Bevölkerung drängte sich in der offenen Landschaft zusammen, während die Urwaldgebiete, die etwa $^2/_5$ der Gesamtfläche einnehmen, sehr dünn bevölkert waren. Innerhalb der beiden gegensätzlichen Landschaftstypen sind wieder die Hochländer im allgemeinen viel dichter bevölkert als das Tiefland, weil die Indianer (ähnlich wie ein anderer, sehr entfernt wohnender Seitenzweig der gelben Rasse, die Malayen) innerhalb der Tropen im Hochland physisch und psychisch wesentlich kräftiger zu sein pflegen, als im Tiefland. Wo in Mittelamerika eine dichte indianische Bevölkerung im Tiefland vorhanden gewesen ist, da war es in verhältnismäßig gesunden und trockenen Gebieten der Fall (Yucatan und Nicaragua). Im Bereich gleichartiger klimatischer Bedingungen sind und waren aber natürlich die fruchtbareren Böden, ganz besonders die vulkanischen, stark bevorzugt.

Man kann wohl sagen, daß die eigentliche Kernkraft der mittelamerikanischen Indianer auf die kühlen und gesunden Hochländer beschränkt ist und war, und wenn wir im heißen Tiefland Yucatans noch jetzt ein zahlreiches und zähes indianisches Geschlecht finden, so dürfen wir wohl diese Erscheinung mindestens zum Teil durch den häufigen Einbruch der energiestählenden, stark abkühlenden winterlichen Nordwinde erklären. Und doch zeigte es sich vor einem Jahrzehnt, als die mexikanische Regierung zwangsweise Yaquis nach Yucatan verpflanzte, daß die eingesessenen Mayas kaum halb so viel tägliche Arbeitsleistung vollbringen konnten, als ihre Rassegenossen aus der kühleren, gemäßigten Zone! [7]) Es erweisen also selbst die tüchtigsten Tieflandindianer Mittelamerikas bereits deutlich den herabstimmenden Einfluß des heißen Klimas! Um so merkwürdiger und rätselhafter ist es, daß die Baukunst der Mayavölker nicht im Hochland ihre höchste Blüte erreicht hat, sondern im Tiefland und zum Teil sogar in regenfeuchten Urwaldgebieten. Die Größe dieser Bauten zwingt uns auch, anzunehmen, daß große und straff organisierte Volksmassen einst in diesen jetzt zum Teil ganz unbewohnten Gegenden gewohnt haben müssen. [8])

Neuerdings hat nun Nieuwenhuis[9]) den Satz aufgestellt, daß Volkszahl und Kulturentwicklung bei niedriger stehenden Völkern überhaupt miteinander gleichen Schritt hielten, und wir müßten daraus auf eine einstmals sehr große Volkszahl gerade im atlantischen Tiefland von Yucatan, Chiapas und Guatemala schließen. Prüfen wir die Richtigkeit des Satzes an den mittelamerikanischen Verhältnissen nach, so scheint er sich hier allerdings in der ausgesprochenen allgemeinen Form nicht zu bestätigen, wohl aber zeigt sich eine entsprechende Beziehung zwischen Kulturentwicklung und Volksdichte; denn die höhere Kulturblüte findet sich nur in den dichter bevölkerten Gebieten, während in den dünn bevölkerten Landschaften die Kultur dürftig blieb; wo aber Reste höher kultivierter Völker sich in die Urwälder zurückzogen, wie etwa die Lacandonen von Ostchiapas und Petén, da verarmte ihre Kultur wieder, sobald mit der Volkszahl die Dichte abnahm. Wir verstehen das sehr wohl, wenn wir uns mit Nieuwenhuis vergegenwärtigen, wie viel geringer der Arbeitsertrag des Landmanns in einem sehr dünn bevölkerten Gebiete ist, als in einem dichtbevölkerten: In dichtbevölkerten und darum auch wildarmen Gegenden tragen die Kulturen viel sicherere Ernten als in dünnbevölkerten Gebieten, wo das zahlreichere Wild häufig die Felder heimsucht; wohl vermag der Ackerbauer durch Herstellung eines Wildzauns diese Gefahr abzuhalten, aber damit ist eine erhebliche Mehrarbeit verknüpft, die der Bewohner des dicht bevölkerten Landes anderweitig verwerten kann. Der Zaun schützt aber zudem nur gegen Großwild, nicht gegen Kleinwild, Unkraut und Schädlinge, die das isolierte Feld im Walde oder Busch viel mehr bedrohen als des Stammesgenossen Grundstück, das inmitten anderer Felder liegt. Die Folge davon ist, daß der Einzelsiedler, um trotzdem genügenden Ertrag für die Ernährung seiner Familie dem Feld abringen zu können, dasselbe weit größer machen muß, als sein begünstigterer Stammesgenosse; er wird also selbst bei gleichartigem Ackerbau wesentlich mehr Arbeit aufwenden müssen, als jener, also auch entsprechend weniger Zeit für Kulturbetätigung übrig haben. Noch ungünstiger erweist sich die Frucht seiner Tätigkeit, wenn man ihn mit einem Landmann vergleicht, der Düngung und gründliche Bodenbearbeitung anwendet: dieser wirtschaftet mit relativ geringem Arbeitsaufwand immer wieder gute Ernten aus einem Stück Feld heraus, der primitive Ackerbauer aber muß unter bedeutendem Arbeitsaufwand immer wieder neue Feldflächen roden und instand setzen, weil das alte Feld sich bald erschöpft und keine genügenden Erträge mehr abwirft. Die Verlegung des Feldes zwingt aber oft auch zur Verlegung des Wohnplatzes und damit zu neuer Arbeit. Außerdem ist bei sehr zerstreuter Siedelung eine Arbeitsteilung kaum möglich, also kann sich auch der Einzelne nicht in gleicher Weise in Kunst oder Gewerbe vervollkommnen wie in dicht bevölkerten Gegenden; zudem mangeln dem Einzelsiedler meist gute Verkehrs- und Absatzmöglichkeiten, zugleich aber auch das Beispiel anderer, deren höhere Kunstfertigkeit anregend auf ihn zurückwirken könnte.

Dazu kommt weiter, daß die Volkszahl in dichter bevölkerten Gegenden viel leichter eine steigende Tendenz annimmt, als in sehr dünn bevölkerten Gebieten, denn ärztliche Hilfe fehlt in kleinen isolierten Siedelungen meist ganz und kann auch — wegen der Entfernungen und der schlechten Verkehrswege — gewöhnlich nur schwer gebracht werden. Kleine Stämme und Niederlassungen brechen zudem unter dem Ansturm infektiöser Krankheiten viel leichter zusammen, als große; Abwehr tierischer und menschlicher Feinde ist wenigen viel schwieriger als vielen; namentlich erfordert die in den regenfeuchten Tropen oft sehr starke Schlangenplage in dünnbevölkerten Gegenden nicht nur relativ, sondern selbst absolut mehr Opfer, als in dichtbevölkerten Gegenden. So arbeiten denn alle Umstände in der Richtung, daß dichtbevölkerte Gebiete hinsichtlich der Volksvermehrung bei sonst gleichen Naturbedingungen gegenüber den dünnbevölkerten wesentlich begünstigt erscheinen, was wiederum begünstigend auf deren Kulturzustand zurückwirken muß.

Ein weiteres Moment, das hemmend auf den wirtschaftlichen und Kulturfortschritt einwirken kann, ist die den niedrigeren Völkern meist eigentümliche geringe Einsicht in die Naturgesetze, die vielfach bis zur sklavischen Abhängigkeit von einem Geister- und Vorbedeutungsglauben führen kann.

Ein drastisches Beispiel dieser Art führt Nieuwenhuis (a. a. O. S. 8) an: „Wenn eine Dajakgesellschaft in Zentralborneo sich durch allerhand vorbereitende Maßregeln in der Familie und im Stamm und durch pekuniäre Opfer instand gesetzt hat, einen oft Monate dauernden Handelszug zur Küste zu unternehmen und sich nach tage- und wochenlangem Suchen nach den vielen guten Vorzeichen endlich auf den Weg gemacht hat, nach harten Kämpfen mit dem Wasserstand usw. die schwierigste Strecke zurückgelegt hat, so kann es geschehen, daß ein links beobachteter Flug oder Schrei bestimmter Vögel oder die links vernommene Stimme eines Rehs die ganze Gesellschaft aus Furcht vor diesen ungünstigen Vorzeichen wieder heimkehren läßt, wenn sich diese Omen ein paar Tage lang wiederholen".

Ob bei den tiefstehenden mittelamerikanischen Stämmen so grasse Fälle von Vorbedeutungseinflüssen vorkommen oder vorkamen, ist nicht bekannt; aber daß Vorzeichen selbst bei den hochstehenden Kulturvölkern der Mayas und Azteken eine bedeutsame Rolle gespielt haben, wissen wir aus ihren Kalenderbüchern und aus der Geschichte. Auch heute noch findet man bei Stämmen, die seit 3½ Jahrhunderten das Christentum angenommen haben, noch immer viele Spuren solcher Anschauungen; noch immer sind Wahrsager und Zauberer wichtige Persönlichkeiten bei ihnen; Träume und Vorzeichen der verschiedensten Art geben noch vielfach den Entschließungen die entscheidende Wendung. Wenn der Kekchi-Indianer, dessen Herz unter dem christlichen Firniß doch hauptsächlich seinem überlieferten Heidengott entgegenschlägt, im Urwald die Stelle seines künftigen Maisfeldes aussucht, so leitet ihn nicht die Bodenbeschaffenheit in erster Linie, sondern die Richtung, die der Rauch seines Feuers einschlägt; er sieht darin den Fingerzeig des Tzultaccá, des angestammten heidnischen Gottes, der im Urwald noch allein gebietet, während die Herrschaft des christlichen Gottes nach seiner Ansicht mit den Grenzen der dichter besiedelten Gebiete ihr Ende findet[10]).

Es ist gar nicht unmöglich, daß manche geradezu unbegreifliche strategische Mißgriffe der hochstehenden Indianervölker Mittelamerikas bei ihren ersten Kämpfen gegen die eindringenden Spanier auf den Einfluß von Vorzeichen u. dgl. zurückzuführen wären[11]); doch läßt sich das freilich nicht mit Bestimmtheit behaupten; ihre Uneinigkeit, schlechte Bewaffnung und ungeeignete Taktik hätten an sich schon genügt, den Spaniern die Eroberung des offenen Landes unter allen Umständen zu ermöglichen. Tatsächlich ist hier auch die große Mehrzahl der Indianerstaaten und -Stäätchen schon beim ersten Ansturm den Spaniern in den ersten Jahrzehnten des 16. Jahrhunderts erlegen. Die Urwaldstämme vermochten dagegen ihren Angriffen erfolgreich zu widerstehen oder auszuweichen; sie behaupteten ihre Unabhängigkeit zum Teil noch Jahrhunderte lang, oder wandten sich, wie die Stämme der Verapaz, schon im 2. Viertel des 16. Jahrhunderts friedlich dem Christentum und damit auch der spanischen Oberherrschaft zu, nachdem der menschenfreundliche Bartolomé de la Casas daselbst zunächst durch einige indianische Kaufleute auf den Märkten die christliche Leidensgeschichte in Liedern mit Musikbegleitung verkündigt und dann selbst mit seinen mutigen Dominikanermönchen den Fürsten und dem Volke gepredigt hatte.

Die Volkszahl der Indianer, die schon in den Kriegsjahren der Conquista und der nachfolgenden erfolglosen Erhebungen stark dezimiert worden war, schwand im Lauf des 16. und 17. Jahrhunderts rasch noch mehr dahin. Einen großen Teil der Schuld trugen die eingeschleppten Krankheiten, insbesondere die Pocken, die furchtbare Verheerungen anrichteten; nicht minder verhängnisvoll aber war die harte, oft grausame Behandlung, welche die Indianer von ihren neuen Herren erfuhren[12]): viele erlagen den übermäßigen Anforderungen, die an sie gestellt waren, andere aber entflohen — wie noch bis zum heutigen Tage vielfach in ähnlichen Fällen — in die Urwälder, wo sie zwar ihre Freiheit wahrten, aber oft sehr rasch der sanitären Ungunst erlagen. Es wird sogar berichtet, daß die Indianer auch wohl Selbstmord verübten, die Frauen ihre neugeborenen Kinder töteten, um sie vor den Mißhandlungen der Spanier zu retten. Immerhin kam es nicht zu Massenselbstmorden, wie auf den benachbarten großen Antillen; allein Mittelamerika bekam wieder die Folgen der letzteren in verhängnisvoller Weise zu spüren: Der auf Kuba dadurch eingetretene und durch Negereinfuhr noch ungenügend bekämpfte Arbeitermangel hatte 1516 Diego Velasquez bewogen, einigen kubanischen Pflanzern die Vollmacht zum Handel mit den benachbarten Küsten zu erteilen und daraus entwickelte sich bald ein so energischer Menschenraub, daß weite Strecken der mittelamerikanischen Küstengebiete fast völlig entvölkert wurden; zudem litt die spärliche zurückbleibende Bevölkerung in den folgenden Jahrhunderten durch Einfälle von Korsaren und Misquito-Indianern so sehr, daß diese Gebiete bis in die jüngste Zeit herein volksarm, ja streckenweise unbewohnt blieben.

Etwas günstiger lagen die Verhältnisse in den Binnengebieten; hier aber ergab sich ein großer Unterschied zwischen den höherstehenden nördlichen Stämmen und den minder kultivierten südlichen Völkern. Letztere entwichen in die Urwälder, wo sie durch Malaria und sonstige Ungunst stark geschwächt oder selbst aufgerieben wurden, oder sie gaben allmählich ihre angestammte Sprache und Kultur unter dem Einfluß der umgebenden Mischlingsbevölkerung auf. Die Völker des Nordens aber schickten sich nach manchen vergeblichen Erhebungen mit kluger Mäßigung in das Joch der Spanier, die diplomatisch genug waren, anfangs noch (bis 1591) durch die Vermittlung der angestammten Herrscher zu regieren; wohl übernahmen die Indianer von den Europäern die Zucht der europäischen Haustiere, den Anbau altweltlicher Nutzpflanzen, die überlegenen Waffen und Geräte u. dgl. mehr, aber sie hielten auch mit großer Zähigkeit an ihrer Rassenreinheit, Kultur und Sprache fest, so weit sie konnten, und vermochten sogar nicht wenige Züge ihrer materiellen Kultur den Spaniern zu übermitteln, so daß hier eine Mischkultur aus spanischen und indianischen Elementen entstand.

Mit dem Auftreten der Spanier änderte sich aber nicht bloß das politische und das Kulturbild Mittelamerikas mit einem Schlage, sondern auch das anthropologische: neben die indianische Rasse tritt nun die weiße, und in deren Gefolge in geringer Kopfzahl auch die schwarze Rasse. Da die Spanier und die wenigen damals mitgebrachten Neger ohne Frauen ins Land gekommen waren und auch die späteren Sendungen weißer Frauen nur wenigen die Möglichkeit einer gleichblütigen Lebensgefährtin boten, so erfolgte nun rasch eine starke Vermischung und damit die Bildung eines Mestizenelements, neben dem das Zambo-Element, das Produkt der Mischung zwischen Negern und Indianerinnen, anfänglich stark zurücktrat, aber allmählich etwas an Bedeutung gewann, als infolge des Rückgangs der Indianer am Ende des 16. und Anfang des 17. Jahrhunderts Neger in größerer Zahl eingeführt werden mußten.

Im Laufe der Zeit nahm das Mestizenelement so sehr zu, daß es jetzt in den meisten Staaten stark überwiegt. Nur auf der Halbinsel Yucatan, in Chiapas und Guatemala ist das indianische Element noch in der Überzahl. Weiße sind bloß in Costarica zahlreich, wo die Spärlichkeit der Indianer einer stärkeren Vermischung entgegengewirkt hatte. Zahlreiche entlaufene Negersklaven der Vereinigten Staaten und der Antillen fanden im 19. Jahrhundert in Britisch Honduras und an der Mosquitoküste eine Freistatt und verbreiteten sich den Küsten entlang, wobei sie sich mit den benachbarten Indianerstämmen vermischten. Diese verloren dadurch großenteils ihre Rassenreinheit, hielten aber zäh an ihrer angestammten Sprache und Kultur auch ferner fest.

Die wirtschaftliche Stagnation, die im 17. und 18. Jahrhundert namentlich durch des Mutterlandes kurzsichtige und egoistische Handelspolitik und durch das Fehlen reicher, leicht zu bearbeitender Minen in Mittelamerika eintrat, scheint dem Indianerelement, das nun großenteils sich selbst überlassen blieb, im allgemeinen günstig gewesen zu sein, so daß nun wieder eine Zunahme der Zahl der Indianer, wenigstens im Norden, eintrat. Im 19. Jahrhundert steigerte sie sich ganz bedeutend, obgleich durch periodisch auftretende Blatternepidemien u. dgl. Einflüsse, sowie durch immer wieder erfolgende Abwanderungen (zahlreiche Einzelfamilien oder Indianergruppen, ja wie beim großen Mayaaufstand von 1847 eines erheblichen Volksteils) in die Freiheit verheißenden, aber ungesunden Waldgebiete des Tieflandes immer wieder beträchtliche Verluste sich einstellten. Im südlichen Mittelamerika aber ging die Zahl der reinen Indianer durch Vermischung in den offenen Landschaften und Volksrückgang in den Waldgebieten immer mehr zurück [12]).

Die friedliche Lostrennung Mittelamerikas von Spanien, sowie die von zahlreichen Revolutionen ausgefüllten Jahre der einheitlichen mittelamerikanischen Republik und nach deren Zerfall ihrer unabhängigen Einzelstaaten berührten und berühren die Indianer selbst gewöhnlich nicht allzu viel, wenn die Kämpfe nicht gerade in Indianergebieten statthatten, da der Streit meist zwischen den Mestizen ausgefochten wurde, und die Indianer zwar theoretisch im Besitz der Bürgerrechte [13]) sind, aber in Wirklichkeit meist keinen selbständigen Gebrauch davon machen. Wo jedoch reine Indianer sich an die Spitze der Regierung stellten, da waren es harte, aber fähige und konsequente Köpfe: so Rafael Carrera, der langjährige Diktator Guatemalas, oder im nahen Mexiko Benito Juarez, des unglücklichen Kaisers Maximilian unbeugsamer Gegner. Eine ruhige, friedliche Entwicklung fand nur in Costarica statt, wo die vorwiegend weiße Bevölkerung für die republikanische Regierungsform reif war; in den übrigen Ländern aber blieb diese Regierungsform ausschließlich eine Form, und die wirkliche Herrschaft lag stets in den Händen der betreffenden Präsidenten, und wo eine starke Persönlichkeit, wie Porfirio Diaz in Mexiko drei Jahrzehnte lang, mit eiserner Hand Ruhe und Ordnung aufrecht erhält, kann ein solches Land zu hoher Blüte gelangen — womit zugleich eine starke Vermehrung der Bevölkerung verbunden zu sein pflegt. Im großen und ganzen haben die letzten Jahrzehnte den meisten mittelamerikanischen Ländern ruhigere Zeiten und damit auch Aufblühen des wirtschaftlichen Lebens und der Volkszahl gebracht.

Die Verschiedenartigkeit der herrschenden Gesetze und Anschauungen in den verschiedenen Ländern ist nicht ohne Einfluß auf die indianische Bevölkerung: so bewirkt die größere Freiheit in Mexiko, insbesondere die Freiheit der Destillation geistiger Getränke, daß in jener Republik die fernab von Städten und sonstigen Kulturzentren wohnenden Indianer sehr viel mehr dem Alkohol ergeben sind, als im nahen Guatemala, wo die Schnapsdestillation Regierungsmonopol ist, und das begehrte Naß also nur zu sehr hohem Preise erhältlich ist, u. dgl. mehr.

Wichtiger ist, daß in manchen Republiken den Indianern von vornherein ein gewisses Anrecht auf Landbesitz zugestanden ist, so daß beim Kauf von Regierungsländereien den darauf wohnenden Indianern je ein Stückchen Land als Eigentum reserviert bleibt (Nicaragua, Mexiko), während z. B. in Guatemala die Regierung alles nichttitulierte Land für sich in Anspruch nimmt und also auch so verkauft, ohne den darauf wohnenden Indianern eine Entschädigung zuzusprechen, so daß diese sich mit dem neuen Besitzer einigen müssen, unter welchen Bedingungen sie wohnen bleiben dürfen: es wird dann meist Verpflichtung zur Arbeit oder ein Pachtzins stipuliert — beides Bedingungen, die freiheitliebende Indianer vielfach zur Auswanderung in entferntere Waldgebiete veranlassen; dies ist aber häufig mit langsamer Aufreibung der betreffenden Familien gleichbedeutend. Wie oft habe ich es selbst erlebt, daß frische, kräftige Indianerfamilien aus Freiheitsdrang, oder, wie die Pflanzer es benennen, Arbeitsscheu, ins Tiefland verzogen und nach wenigen Jahren dürftige Überreste derselben krank, matt und arbeitsunfähig wieder zurückkehrten!

Im allgemeinen hat aber private Initiative mehr Einfluß auf das Bevölkerungsproblem gewonnen, als die politische Neugestaltung der Dinge: Nach dem rasch vorübergehenden Verkehrsfieber der kalifornischen Goldjahre fingen erst vereinzelt, dann in wachsender Zahl nordamerikanische und europäische Kaufleute, Pflanzer und Ingenieure an, sich in Mittelamerika anzusiedeln und an die Stelle der altertümlichen kolonialen Wirtschaftsmethoden moderne zu setzen; ihre geschäftlichen Erfolge spornten die energischeren und kapitalkräftigeren Elemente der Einheimischen zur Nacheiferung an. So brachte die kleine Zahl eingewanderter Weißer binnen kurzem in weiten Gebieten Mittelamerikas einen bedeutsamen geschäftlichen Aufschwung zustande[14].

Wenngleich die kleine Zahl eingewanderter Weißer das Bevölkerungsbild unmittelbar nicht wesentlich beeinflußte, so waren doch die mittelbaren Rückwirkungen ihrer Tätigkeit auf die mittelamerikanische Bevölkerung sehr groß. Am geringsten war noch der Einfluß der Kaufleute, wenngleich auch sie durch Belebung des Verkehrs und Umsatzes nicht ohne Bedeutung blieben. Aber viel wesentlicher war der Einfluß der Pflanzer, zunächst hauptsächlich der Kaffeepflanzer in Chiapas, Guatemala und Nicaragua. Denn in diesen Ländern konnten nicht, wie in den übrigen mittelamerikanischen Kaffeegebieten, die Arbeiter aus der unmittelbaren Umgebung genommen werden, sondern sie mußten aus weiterer Entfernung herangeholt werden: in Chiapas und Guatemala aus dem Hochland, in Nicaragua aus dem Tiefland. Da nur wenige Arbeiter sich dauernd auf den Kaffeeplantagen festsetzten, so begann ein ständiges Hin- und Herwandern von Tausenden von Männern, zur Erntezeit auch von zahllosen Frauen und Kindern. Zu einer wahren Völkerwanderung gestaltet sich diese Arbeiterbewegung in Guatemala, wo zur Erntezeit in der kurzen Spanne weniger Monate an der ursprünglich nur sehr dünnbevölkerten pazifischen Abdachung zwischen 300 und 1300 m Höhe mehr als eine halbe Million Zentner Kaffee gepflückt und versandfähig gemacht werden muß[14a]. Da die einzelnen Arbeiter meist nur wenige Wochen auf der Pflanzung arbeiten und dann wieder in die Heimat zurückkehren, so darf man die Zahl der Indianer und Indianerinnen, die alljährlich für kürzere oder auch längere Zeit aus ihrer Hochlandsheimat in 2000—3000 m Höhe in die Kaffeedistrikte Süd-Guatemalas herabsteigen, auf weit über 100000 schätzen. Die Rückwirkung einer solchen, seit Jahrzehnten stetig andauernden Volksbewegung auf die Gesundheit und die Reinheit von Kultur und Blut der Indianer der Altos ist im allgemeinen nicht günstig: Viele erwerben in den tiefer gelegenen Plantagen Malaria, die sie in der Heimat noch längere Zeit an der vollen Arbeitsfähigkeit und -lust hindert, andere verschleppen ansteckende Krankheiten, die großen Schaden verursachen können; alle lernen während ihres Pflanzungsaufenthaltes mehr oder weniger Spanisch, eine Tatsache, die der Staat nur freudig begrüßen kann, die aber für die dauernde Erhaltung der Reinheit von Kultur und Rasse der Indianer ungünstig ist; die meisten gewöhnen sich auf den Plantagen neue Bedürfnisse an, die sie oft der althergebrachten anspruchslosen Lebensweise entfremden; gar manche Indianerin erliegt auch wohl lockenden Anerbieten von Weißen oder Mestizen; manche Familie nimmt dauernd Arbeit auf der Plantage und verliert dann in der neuen Umgebung ein gut Teil ihrer angestammten Eigenschaften. So ist denn diese Art der Arbeitergewinnung zwar von Vorteil für die Pflanzer, aber von Nachteil für das indianische Volkstum, und die ein halbes Jahrhundert lange Dauer des intensiven Kaffeebaues hat die Einzelwirkungen bereits so summiert, daß sie deutlich erkennbar werden.

Viel kürzer — kaum zwei Jahrzehnte — ist die Blüte der Bananenkultur, die, von nordamerikanischen Pflanzern ins Leben gerufen, namentlich auf den fruchtbaren vulkanischen Böden an der atlantischen Küste Costaricas in größtem Maßstab betrieben wird, aber auch an anderen atlantischen Küstenstrichen Mittelamerikas Eingang gefunden hat. Da die Banane nur im feuchtheißen Tiefland unterhalb 100—150 m Meereshöhe jenes Optimum von Existenzbedingungen findet, das notwendig ist, um recht viele und zugleich recht gute Früchte zu erzeugen, und da ferner diese Früchte raschem Verderben ausgesetzt sind, so sind rentable Bananenpflanzungen in Mittelamerika nur in der nächsten Nähe der atlantischen Hafenplätze und der dahin führenden Eisenbahnen im heißen Tiefland möglich[15]). Da nun aber die atlantischen Küsten durch die früher besprochenen Menschenraubzüge kubanischer Pflanzer im 16. Jahrhundert und die späteren Beutezüge von Flibustiern und Misquito-Indianern großenteils entvölkert worden waren, so war die Arbeitergewinnung sehr schwierig, sobald es sich um Großbetriebe handelte. Mischlinge und Indianer, die man durch hohe Löhne aus dem Innern herangelockt hatte, waren zumeist weder der schweren körperlichen Arbeit, noch dem Klima gewachsen. So mußte man denn trotz der sehr hohen Kosten zur Einführung von Negern schreiten (hauptsächlich von Jamaica her), weil nur sie allen Anforderungen zu entsprechen vermögen. Obgleich nun die Mehrzahl dieser Neger nach Ablauf ihrer (meist dreijahrigen) Kontraktzeit wieder heimkehrt, so bleibt doch immer eine kleine Zahl auch zurück, und Negervermischung mit Weißen, Mestizen und Indianern ist in diesen Gegenden häufig.

Auch in den Mahagoni- und Blauholzfällereien von Britisch Honduras und den angrenzenden Teilen des mexikanischen Territoriums Quintana Roo werden aus ähnlichen Gründen in der Hauptsache Neger als Arbeiter verwendet. Die verschiedenen Eisenbahn- und Kanalarbeiten, die in Mittelamerika im Tiefland ausgeführt worden sind, sind ebenfalls vorzugsweise von Negern bedient worden, weil die verschiedenen Versuche, Indianer oder Mestizen aus dem Binnenlande als Arbeiter zu verwenden, zu furchtbaren Verlusten an Menschenleben und Gesundheit geführt hatten. Da nun von all diesen Arbeiten immer wieder Neger im Lande zurückblieben[15a]), und zudem die Indianerstämme der Küsten durch Vermischung mit Negern ihre Rassenreinheit bereits größtenteils verloren haben, so sehen wir, daß der Prozeß der Vernegerung, der sich auf den Antillen schon fast ganz durchgesetzt hat, in den feuchtwarmen atlantischen Niederungen Mittelamerikas langsam aber sicher fortschreitet; und daß er in absehbarer Zeit hier völlig zum Abschluß gelangen muß, kann niemandem zweifelhaft sein, der die viel größere physische Kraft und klimatische Eignung der Neger mit den entsprechenden Eigenschaften der Indianer und Mestizen zu vergleichen Gelegenheit gehabt hat. Ja, es ist zu erwarten, daß die Vernegerung allmählich auch auf das pazifische Tiefland übergreifen wird[16], wo bisher Angehörige der schwarzen Rasse (als Hafenarbeiter oder landwirtschaftliche Hilfskräfte) noch nicht allzu zahlreich sind.

Daß die Indianer und Mestizen allmählich aus dem feuchten Tiefland ins Hochland zurückgedrängt werden dürften, erscheint nach der Einführung der physisch viel leistungsfähigeren Negerrasse geradezu wie ein naturnotwendiger Vorgang, da das kräftigere Element eben das schwächere schließlich verdrängen wird. Die Neger sind im tropischen Tiefland sogar so sehr den Angehörigen der übrigen Rassen überlegen, daß man sich fragen muß, ob sie nicht dereinst einmal ihren Siegeszug durch die ganze Tropenwelt vollenden werden, wenn die immer schwieriger werdende Arbeiterfrage auch jene Tropenländer, die noch frei von ihnen geblieben sind, zu ihrer Einführung zwingen wird. Und wo immer in den Tropen die Neger ihren Einzug halten, da darf man erwarten, daß sie im Tiefland, langsam vielleicht, aber sicher die früheren Bewohner verdrängen werden. Ich halte es für wahrscheinlich, daß die Neger sich in einer fernen Zukunft zur durchaus vorherrschenden Tropenrasse auswachsen werden, wenn nicht politische Machtsprüche ihre Ausbreitung einengen[17]).

Wenn ich aber geneigt bin, den Negern eine besonders große Eignung für das Tropenklima zuzuschreiben, so muß ich freilich zugeben, daß hier Tieflandneger gemeint sind, denn es ist mir wohl bekannt, daß Neger des Hochlands vielfach zunächst ebenfalls stark unter den Einflüssen tropischfeuchten Tieflandklimas leiden. Aber von allen Rassen der Erde scheint eben doch die schwarze diesem Klimatypus sich am leichtesten und vollkommensten anpassen zu können. —

Kehren wir nach dieser Abschweifung nach Mittelamerika zurück und fragen wir nach dem vermutlichen Schicksal der nicht-schwarzen Bevölkerung, so müssen wir vor allem feststellen, daß die neu eingewanderten Weißen und Chinesen zu wenig zahlreich sind, um anthropologisch wesentlich in Betracht zu kommen. Es handelt sich also nur noch um die beiden zurzeit zahlreichsten Bevölkerungselemente: die Indianer und die Mestizen. Das Endergebnis ist hier offensichtlich: die Indianer werden schließlich, soweit sie nicht aussterben, durch Vermischung als solche verschwinden. Zweifelhaft ist es aber, wann dieser Zeitpunkt erreicht sein wird, denn so viel ist klar, daß wenigstens im nördlichen Mittelamerika, und zwar ebensowohl im trockenen Tiefland von Yucatan als in den gesunden Hochländern und Binnengebieten von Guatemala und Chiapas die Indianer noch eine so zähe Widerstandskraft und ein so starkes Selbstbewußtsein besitzen, daß die Erhaltung ihres Volkstums und ihrer Rassenreinheit noch für lange Zeit gesichert ist, ja daß in der näheren Zukunft sogar noch eine ansehnliche Zunahme ihrer Volksziffern erwartet werden darf. Anders aber liegen die Dinge in den übrigen Teilen Mittelamerikas: Vielfach haben dort selbst die reinblütigen Indianer schon ihre Sprache und vieles von ihrer Eigenart aufgegeben und gehen damit rettungslos der Vermischung entgegen; so in den offenen Landschaften von Salvador, Honduras, Nicaragua; — wo daselbst aber noch kleine Enklaven indianischer Sprache und Volkstums erhalten sind, da ist deren Untergang schon besiegelt: begegnet es einem ja oft, daß dort die Indianer dem Fremden gegenüber den Gebrauch eines eigenen Idioms verleugnen, daß sie sich desselben geradezu schämen — das letzte Stadium vor dem gänzlichen Aufgeben desselben! In solchen Gegenden kommt es auch häufig vor, daß die Indianerin es bereits als eine Auszeichnung empfindet, ein Mischlingskind zur Welt zu bringen, weil dasselbe nach der landläufigen Ansicht einer „höheren Rasse“ angehöre, als sie selbst besitzt! In den Urwaldgebieten von Honduras, Costarica und Panama zeigen die Indianer viel mehr Eigenart; meist sprechen sie sogar ausschließlich die Sprache ihrer Väter; ja es sind hier stellenweise noch die alten mutterrechtlichen Monarchien erhalten, die von den republikanischen Regierungen geradezu anerkannt sind, hat doch die Regierung von Nicaragua dem „Jefe de los Mosquitos“ die Generalswürde zuerkannt und die Regierung von Costarica den König der Bribri-Indianer durch Verleihung der Sergeanten-Uniform vor seinen Untertanen und Stammesgenossen ausgezeichnet! Aber die Mehrzahl dieser Stämme wohnt weit zerstreut in kleinen Ansiedlungen unter den schwierigsten wirtschaftlichen und hygienischen Bedingungen, so daß die Volkszahl sehr niedrig ist und bei einzelnen so ständig abnimmt, daß das Aussterben nur noch eine Frage der Zeit sein kann. Das gilt besonders von solchen Stämmen, wo die Zahl der Männer die der Frauen bereits ganz bedeutend übertrifft, wie bei den Guatusos in Costarica. Den Aussterbeprozeß dieses zurzeit noch etwa 250 Seelen zählenden Völkchens haben vor wenigen Jahrzehnten noch gewissenlose Weiße und Mestizen beschleunigt: Manche Kautschuksammler hatten geradezu ein Geschäft daraus gemacht, Guatusokinder zu rauben und an kinderlose Familien in Nicaragua zu verkaufen, bis endlich der energische costaricanische Bischof Dr. Thiel, ein geborener Deutscher, einschritt, und infolge seiner Fürsprache die Regierung des Landes durch Errichtung eines Militärpostens die armen Indianer beschützte!

In starkem Gegensatz zu diesen volksarmen, verschüchterten Völkchen der Urwälder des Südens stehen die kräftigen Indianerstämme des Nordens; einzelne derselben, wie die Cakchiqueles, die Mames, die Kekchi, zählen noch rund 100000 Seelen, andere, die Mayas und die Quiché, sogar je über $^1/_4$ Million. Hier wo die Ureinwohner des Landes noch in kompakten Massen beisammen wohnen, hält sich der Indianer trotz äußerer Unterwürfigkeit im Grunde seines Herzens doch für wesentlich besser als den Weißen; hier wird noch vielfach strenge auf Sittenreinheit gesehen, so daß Vermischung mit Weißen oder Mestizen nur in den Städten häufiger vorkommt, wo die Indianerinnen der straffen Stammeszucht mehr entzogen, wirtschaftlichen Verlockungen aber leichter zugänglich sind[18]). Ungünstig für die dauernde Erhaltung der Rassenreinheit ist aber der durch Schule, Militär- und Plantagendienst immer weiter sich ausbreitende Gebrauch des Spanischen, weil damit das vorher so bedeutsame Hemmnis der Sprachverschiedenheit hinwegfällt. Noch ungünstiger aber ist der Einfluß wirtschaftlicher Depressionen; so haben in Güatemala namentlich die ungesunden Münz- und Kursverhältnisse ihre Schatten auf die Lage der Indianer zurückgeworfen: seitdem an die Stelle des früheren Silbergeldes Papierscheine getreten sind, ist es den Indianern nicht mehr möglich, wie früher, größere Summen zurückzulegen, da sie für Papiergeld keinen feuer- und insektensicheren Aufbewahrungsort haben; und die in der Verapaz reichlich benützte Möglichkeit, Regierungsland als sichere Kapitalsanlage zu kaufen, versagt in den dichter bevölkerten Altos, weil hier kein herrenloses Land mehr vorhanden ist[19]). Sehr schlimm für den Indianer ist es auch, daß das immer wieder ohne die nötige Deckung ausgegebene Papiergeld[20]) sehr schwankenden Kursen unterworfen ist und namentlich durch den Ausbruch des Sta. Maria 1902 stark entwertet wurde; infolgedessen sind die europäischen Waren, deren der Indianer bedarf, in Landesmünze ausgedrückt sehr teuer geworden, während sein Taglohn keineswegs im gleichen Maße gestiegen ist[21]). Diese Umstände führen zu einer ausgesprochenen Verarmung[22]) des größeren Teils der Indianer, womit natürlich auch die alte feste Stammessitte vielfach ins Wanken gerät[23]), namentlich aber für die Indianerinnen die Verlockung zu vorübergehenden Verbindungen mit vermöglichen Weißen oder Mestizen immer größer wird.

Besondere Ungunst der Verhältnisse hat im letzten Jahrzehnt die Notlage der indianischen Bevölkerung in Guatemala noch verschärft: Ungeeignete Verteilung des Regenfalls hatte in den Jahren 1903/1906 eine Maisknappheit erzeugt, die schließlich in einzelnen Teilen des Landes in eine Hungersnot umschlug, als kriegerische Verwickelungen mit den Nachbarstaaten sehr viele Indianer an der rechtzeitigen Bestellung ihrer Felder verhinderten[24]). Und als die Soldaten vom Felde heimkehrten, brachten sie in ihre Dörfer typhöse Krankheiten mit, die viele Tausende von Opfern forderten. Unglückseligerweise entführten zudem einige große Regierungsbauten[25]) (Bau der Nordbahn und Reparatur der Telegraphenlinie nach dem Petén) monatlich Tausende von Indianern von der Feldarbeit in ungesunde Gegenden, wo viele starben oder sich den Keim einer Krankheit holten.

Aber trotz alledem ist hier vorderhand noch eine Zunahme der reinen Indianerbevölkerung[26]) zu erwarten, nachdem die zuletzt geschlagenen Wunden wieder vernarbt sind. Allein die Breschen sind bereits eröffnet, welche die Vermischung bis ins Herz der großen Indianergebiete gestatten, und man muß erwarten, daß erst langsam, dann aber in immer rascherer Gangart Mestizentum an die Stelle der Indianer treten wird, bis schließlich, in ferner Zukunft freilich, wohl erst in Jahrhunderten, die indianische Rasse als solche aufgehört haben wird. Ein solches Ende, das man nicht hindern können wird, muß man lebhaft bedauern, denn nicht nur der Ethnologe und Linguist wird dann viele interessante Forschungsmöglichkeiten verschwunden wissen, sondern auch die Menschheit selbst wird in diesen Indianerstämmen hochachtbare Glieder verlieren; denn wenngleich die Indianer an Intelligenz und Anstelligkeit im allgemeinen den Mestizen, hinsichtlich körperlicher Kraft und klimatischer Widerstandsfähigkeit den Negern stark nachstehen, so sind sie doch Menschen, die sich als Arbeiter durch Fleiß und Gewissenhaftigkeit gut bewähren und — was ich höher stellen möchte — es sind Menschen von trefflichen Charaktereigentümlichkeiten, insbesondere von einer Zuverlässigkeit, Treue und Ausdauer, die sie hoch über die Mestizen erhebt und ihnen unter den Völkern der Erde nach dieser Richtung hin eine hervorragende Stellung zuweist.

Anmerkungen.

[1]) Mittelamerika ist etwa so lang wie die Entfernung von Straßburg nach den Färöer oder Tanger, ja fast Konstantinopel oder St. Petersburg.

[2]) Die starken thermischen Gegensätze sind nicht nur für die pflanzengeographische Gliederung höchst bedeutsam, sondern auch bis zu einem gewissen Grade für die tiergeographische und selbst für die ethnische, insofern zwischen Hochlands- und Tieflandsstämmen starke Unterschiede der Lebensgewohnheiten und Lebensbedürfnisse sich herausgebildet haben und die gegenseitige Akklimatisation beider sehr schwer ist, vielfach sogar die Versuche dazu mit dem Hinsterben oder wenigstens einer Dezimierung der betreffenden Volksmassen endigen. Freilich kommt der Fall einer Übersiedelung aus dem Tiefland ins Hochland selten vor; häufig ist dagegen der umgekehrte Fall, um so mehr, als, wenigstens in den feuchten Tieflandsregionen, herrenloses Land in Menge zu finden ist und die viel kürzere Vegetationsperiode der Nährpflanzen anlockt.

[3]) Walther Lehmann ist es auf seiner mittelamerikanischen Forschungsreise 1907/09 gelungen, für die Mehrzahl derjenigen Stämme der mittleren Teile Zentralamerikas, die ich ehedem als isolierte Stämme bezeichnet hatte, sprachliche Übereinstimmungen mit südamerikanischen Indianersprachen festzustellen (W. Lehmann, „Ergebnisse einer Forschungsreise in Mittelamerika und Mexiko 1907—1909“ in der Zeitschrift für Ethnologie 1910, S. 687—749), während zuvor H. Pittier wenigstens für einzelne derselben (Ramas, Sumos, Payas) dieser Nachweis geglückt war. („Numeral systems of the Costa Rican Indians“ in American Anthropologist 1904 S. 455.)

[4]) Haupsächlich nach José Milla, Historia de la America Central I Guatemala 1879, und O. Stoll, Die Ethnologie der Indianerstämme von Guatemala (Supplement zu Bd. I von „Internationales Archiv für Ethnographie“), Leiden 1889.

[5]) Die Trunkenheit wird von den Indianern als ein glückseliger Zustand empfunden und bei den Pokonchi-Indianern von San Cristobal Verapaz ist es heute noch Sitte, daß bei den großen Festen betrunkene Indianer vor ein Heiligenbild treten und Gott für das Geschenk der Trunkenheit danken (K. Sapper nach Vicente A. Narciso in: Verhandlungen des XIV. Americanistenkongresses zu Stuttgart 1904, S. 407.)

[6]) Vgl. K. Sapper, Die ersten Kriegszüge der Spanier im nördlichen Mittelamerika, in: Zeitschrift der Gesellschaft für Erdkunde zu Berlin. Bd. XXXII. 1897, S. 139.

[7]) O. Peust, Mexiko und die Landarbeiterfrage in „Volkswirtschaftlich-gesellschaftliche Studien der Generalackerbaudirektion“. Fomento-Ministerium. Mexiko 1912.

[8]) Um das Rätsel zu lösen, hat jüngst Ellsworth Huntington („Guatemala and the highest native american civilisation“, Proc. Am. Philos. Soc. Vol. LII No 211, Sept. Oct. 1913) nach sorgfältigen Untersuchungen über die Flußterrassen des nördlichen Mittelamerika angenommen, daß zur Zeit der Erbauung jener Städte in den betreffenden Gegenden ein wesentlich trockeneres Klima geherrscht haben mußte, etwa ähnlich demjenigen des nördlichen Yucatan, wo jetzt die große Masse der Mayas wohnt. Diese Annahme würde manches erklären und sie liegt keineswegs außer dem Bereich der Möglichkeiten, da es sich in einem großen Teil des in Betracht kommenden Gebietes um Urwälder handelt, die ihrem ganzen Charakter nach auf einen nicht sehr hohen Regenfall und auf den Besitz einer kurzen Trockenzeit schließen lassen; man darf sogar annehmen, daß das Klima jener Gegenden vielfach nahe der Grenze ist, die überhaupt noch das Gedeihen immergrüner Wälder gestattet; ihr Fortbestehen ist vielfach nur noch die Folge des Schutzes, den der Wald selbst

gegen die Verdunstung in seinem Innern gewährt, denn ich habe häufig beobachtet, daß an den Grenzen von Savannen an Stelle von Feldern, die in den Urwald hinein angelegt worden waren, nicht wieder Wald nachwuchs, sondern Grasflur. Aus Cortez' Berichten geht nun zwar zweifellos hervor, daß damals bereits dieselben Klima- und Vegetationsbedingungen im Peten herrschten, wie gegenwärtig; da er ferner nichts von der Existenz großer Städte in den Wäldern berichtet hat, so hat man auch schon seit lange vermutet, daß dieselben schon zur Zeit des berühmten Honduraszuges (1524/25) verlassen gewesen waren. Nun hat freilich Huntington in einer sehr interessanten Arbeit („The fluctuating climate of North-america" in The Geogr. Journal 1912, S. 264—411) den Nachweis zu erbringen gesucht, daß sowohl in Asien, als auch in Nordamerika eine Reihe von Klimaschwankungen im Sinn größerer und geringerer Feuchtigkeit stattgehabt hatte, und sucht dies nicht durch archäologische und morphologische Tatsachen, sondern auch durch die Untersuchung der Jahresringe zahlreicher californischer Riesenbäume (Sequoia gigantea) fester zu begründen. Es ist zwar klar, daß Klimaschwankungen, die in der gemäßigten Zone nachweisbar sind, nicht gleichzeitig für die Tropen zu gelten brauchen, aber bemerkenswert ist doch, daß die Wachstumskurve der Sequoia gigantea kurz vor 1500 einen ansehnlichen Tiefstand und vor 1300 sogar einen längeren Tiefstand aufweist. Die Möglichkeit, die Frage endgültig zu entscheiden, wird ebensosehr von weiteren noch eingehenderen Studien über Flußterrassen und sonstige Anzeichen von Klimaschwankungen im Sinne Huntingtons abhängen als von sorgfältigen archäologischen Nachforschungen, inbesondere dem Nachweis sicherer Einreihung der Kalenderdaten der altindianischen Stelen in unsere christliche Zeitrechnung.

[9]) Die Veranlagung der malaiischen Völker des ostindischen Archipels. Internationales Archiv für Ethnographie. Supplement zu Bd. XXI. Leiden 1913, S. 4.

[10]) K. Sapper, Das nördliche Mittelamerika. Braunschweig 1897, S. 267ff.

[11]) Ich denke hier besonders an das merkwürdige Verhalten der Indianer, als die Spanier sich nach ihren ersten kriegerischen Erfolgen im pacifischen Tiefland anschickten, von Zapotitlan aus nach dem Hochland aufzusteigen. Hier galt es einen steilen Anstieg von über 1600 m Höhenunterschied auf schlechtesten Wegen, die kaum von Pferden passiert werden konnten, zu überwinden. In diesem für die Indianer so günstigen waldbedeckten Gelände hätten die Spanier ihre Pferde und Kanonen nicht wirksam verwenden können; hier, wenn irgendwo, hatten die Indianer die Gelegenheit, die kleine Schar der Eindringlinge durch ihre Übermacht zu erdrücken und zu vernichten. Aber anstatt nun energisch anzugreifen und die Gunst der Umstände voll auszunützen, ließen sie die Spanier am ersten Tag ihres Anstiegs völlig in Ruhe; und als die Spanier am nächsten Tag den Marsch fortsetzten, fanden sie auf ihrem Weg nur eine geopferte Indianerin und einen geopferten Hund, was die Dolmetscher dem Alvarado als Zeichen der Herausforderung erklärten; und später stießen sie in einem Engpaß auf eine unbemannte Verschanzung. Wohl griff nachher eine indianische Abteilung von 3000 bis 4000 Mann die Hilfstruppen der Spanier mit großer Energie an, aber die Spanier vermochten ihrer Herr zu werden und zur Hochebene emporzusteigen, wo sie nun alle Vorzüge ihrer Bewaffnung und Taktik gegen die der Zahl nach weit überlegenen Heere der Quiché ausspielen konnten. (José Milla, Historia de la America Central. T. I Guatemala 1879, S. 67f. und Primera Carta de Alvarado á Cortes, E. Vedia, Historiadores primitivos de Indias, Madrid 1852, I, pg. 457.)

[11a]) Über die Bevölkerungszahlen des größeren Teiles von Mittelamerika gibt uns Domingo Juarros (Compendio de la Historia de la Ciudad de Guatemala, Guatemala 1808) guten Aufschluß. Eine Gegenüberstellung derselben mit den modernen Volkszifferangaben zeigt am auffälligsten die Zunahme:

Chiapas	(1778) 69 000 Einwohner (1796) 99 000 „	1910:	437 000	Einwohner.
Guatemala	(1778) 366 000 „	1909:	1 991 000	„
Honduras	(1791) 93 500 „ (ohne Taguzgalpa und Tologalpa) (1778) 88 000 Einwohner	1911:	566 000	„

Salvador	(1778) 147 000 Einwohner	} 1913: 1 200 000 Einwohner	
Ende d. 18. Jhrh.	177 000 „		
Nicaragua	(1778) 104 000 „	1906: c. 500 000 „	
Costarica	(1778) 33 000 „	1912: 399 000 „	

Wenn wir uns vergegenwärtigen, daß in Guatemala zur Zeit jedenfalls weit über eine Million reiner Indianer leben, so ergibt sich für dieses Land, daß im Lauf des 19. Jahrhunderts sich die Zahl der Indianer mindestens verdrei- bis vervierfacht haben muß.

[12]) Von großem Interesse wäre es, den recht verwickelten Ursachen der Abnahme der indianischen Urbevölkerung auf dem ganzen amerikanischen Kontinente nachzuspüren. Bei einem solchen Unternehmen würde es sich sehr rasch herausstellen, daß die Eigenart der in Betracht kommenden Indianer ebenso sehr zu dem schließlichen Endresultat beiträgt, wie die Eigenart der weißen Eroberer in den entsprechenden Gebieten. Für den zuerst angenommenen Fall bietet die Geschichte der Antillen typische Beispiele: wir haben hier auf der einen Seite die körperlich wie psychisch wenig widerstandsfähigen arawakischen Völker, auf der andern Seite, besonders auf den kleinen Antillen, die kriegerischen, psychisch und physisch kräftigen Caraiben, und wir sehen, daß erstere im Zeitraum eines halben Jahrhunderts vollständig verschwunden sind, letztere aber durch ihren zähen kriegerischen Widerstand gegen die Eindringlinge und durch ihr absolutes Widerstreben gegen Sklavendienste und Feldarbeit sich noch lange unabhängig erhielten und erst im Lauf des 18. Jahrhunderts allmählich mit Gewalt unterworfen werden konnten, ohne jedoch — bis auf den heutigen Tag — als Rasse völlig zu verschwinden. Aber auch das Verhalten der weißen Ankömmlinge war sehr verschieden, insbesondere stellte sich ein Gegensatz zwischen den romanischen und den germanischen Nationen heraus, indem die Angehörigen der ersteren trotz allen Hochmutes und Überlegenheitsgefühls doch den Indianern gegenüber weit eher zur Vermischung und freundlichem Paktieren geneigt waren, als die Germanen, so daß nur auf romanischem Gebiet ein starkes Mestizenelement heranwachsen konnte, das in gewissem Sinn eine vermittelnde Stellung zwischen den reinen Weißen und den Indianern erhielt und da, wo die indianische Bevölkerung dahinschwand, vielfach deren Rolle als Arbeiterelement in den wirtschaftlichen Betrieben der verschiedensten Art übernahm.

Aber es ist nicht nur der Gegensatz der menschlichen Eigenart, der die verschiedenartige Entwicklung des Bevölkerungsproblems in der Neuen Welt, wie überhaupt, bedingt, sondern zum Teil auch der Gegensatz der klimatischen Verhältnisse und der dadurch ermöglichten wirtschaftlichen Betätigungen: In den Tropen scheint sich das Verständnis für die Notwendigkeit der Erhaltung der Eingeborenen als eines arbeitenden Elementes verhältnismäßig bald instinktiv eingestellt zu haben, und daher finden wir im tropischen Amerika, soweit nicht, wie auf den Antillen oder in einzelnen Teilen des östlichen Brasilien, schon bald Negerarbeit in großem Stile herangezogen wurde, die indianische Rasse oder deren Kreuzungsprodukt mit der weißen zahlreich vertreten. Wären doch die Weißen für sich allein gar nicht imstande gewesen, Landwirtschaft, Bergbau und Industrie in diesen Gegenden zu entwickeln: die klimatischen Bedingungen nötigten sie — abgesehen von wenigen besonderen Fällen — farbige Arbeiter für ihre Betriebe zu verwenden, und wo Landwirtschaft betrieben wurde, da zwang die Notwendigkeit der Ernährung der farbigen Arbeiter und ihrer Familien dazu, denselben auch hinreichenden Grund und Boden zur Erzeugung der Nährmittel zu überlassen. Anders aber in der gemäßigten Zone, namentlich in den feuchteren Gebieten, wo der Weiße seine wirtschaftlichen Arbeiten selbst zu verrichten vermag und daher den farbigen Eingeborenen leicht als unbequemen Konkurrenten empfindet. Wo in solchen Gegenden die zunehmende Volkszahl der Weißen gebieterisch nach Vermehrung ihres Grundes und Bodens rief, da war es nur natürlich, daß die Weißen als die stärkeren die schwächeren Eingeborenen mehr und mehr in die minder günstigen und schließlich in die ungünstigsten Teile des entsprechenden Wohnraums zurückdrängten. Wenn ich aber zugebe, daß dies im Grunde ein natürlicher Vorgang ist, so empfinde ich andererseits doch bitter die schreiende Ungerechtigkeit, mit der z. B. die Regierung der Vereinigten Staaten in hundertfältigen Verträgen und Gewaltmaßregeln die

Indianer ihres Gebietes des angestammten Landes beraubt hat — eine Tatsache, die durch die ergreifenden Darlegungen von G. Friederici (Indianer und Anglo-Amerikaner, Braunschweig 1900) oder H. H. (Helen Hunt Jackson), A Century of Dishonour, London 1881, so überzeugend vor Augen geführt worden ist. Mit etwas anderen Mitteln und minder durchgreifend vollzog und vollzieht sich derselbe Prozeß des unaufhaltsamen Vordringens der Weißen zu Ungunsten der farbigen Elemente in den von der Natur begünstigten Teilen der gemäßigten Zone von Südamerika, Südafrika, Australien und man kann mit einer gewissen Wahrscheinlichkeit voraussagen, daß die für Ackerbau und Viehzucht geeigneten Landstriche der gemäßigten Zone auf der ganzen Erde schließlich eine Domäne der Weißen werden wird (abgesehen von jenen Ländern, wo fruchtbare und widerstandsfähige Kulturvölker der gelben Rasse sich zu behaupten oder einzudrängen vermögen; auch ist noch die Frage, ob die widerstandsfähigen Neger Südafrikas sich völlig verdrängen lassen werden). Nur in den Wüstengebieten und den wirtschaftlich minder wertvollen Landstrichen der subpolaren und polaren Zone beider Amerika ist der Prozeß der Europäisierung noch nicht eingetreten und dürfte wohl auch noch lange auf sich warten lassen, da die den schwierigen Existenzbedingungen dieser Wohngebiete trefflich angepaßten Ureinwohner hier nicht nur erfolgreich ihr Leben fristen, sondern auch bedeutsame wirtschaftliche Werte zu schaffen vermögen (Pelzgewinnung, Fischerei), die der Europäer ohne ihre Hilfe manchmal nur schwer erwerben könnte, so daß also auch hier, wie in den Tropen, der Europäer für seine wirtschaftlichen Zwecke z. T. der Eingeborenen bedarf.

[13]) Der Indianer kennt zumeist die politischen Zustände seiner Heimat gar nicht genügsam und bekümmert sich gewöhnlich nicht im geringsten darum. Es ist ihm jeder Parteistandpunkt völlig fremd, doch könnte er, da er suggestiven Einflüssen sehr zugänglich ist, leicht für gewisse Dinge interressiert, vielleicht sogar fanatisiert werden. Meistens beteiligen sich die Indianer aus freien Stücken gar nicht an den Präsidentenwahlen und dgl., sind ihnen doch die Persönlichkeiten ebensowenig bekannt, wie die Parteien, denen sie angehören. Unter Umständen werden sie aber zur Wahl geradezu kommandiert. So habe ich in Coban einmal eine Präsidentenwahl miterlebt, die sehr bezeichnend für derartige Zustände ist. Die Regierungsorgane wünschten ihren Kandidaten durchzusetzen und legten den Pflanzern nahe, sie möchten dafür sorgen, daß am Tage der Wahl zahlreiche Indianer in der Stadt anwesend sein sollten. Die Pflanzer berücksichtigten diesen Wunsch insofern, als sie auf den bestimmten Tag eine größere Zahl von Indianern, je mit einer Traglast Kaffee, nach der Stadt schickten. Sobald sie angekommen waren, wurde an die Behörde telephoniert, die ihrerseits die Militärmusik und eine Patrouille Soldaten absandte. Die Indianer wurden darauf in Reihe und Glied gestellt und zogen mit Musikbegleitung zum Wahllokal. Dort erhielt jeder der Leute einen Stimmzettel, der am andern Ende abgegeben werden mußte, worauf sie wieder abziehen konnten, natürlich ohne daß sie als Analphabeten auch nur den Namen des Kandidaten hätten lesen können. Als sie nun aber nach Hause zurückkehren wollten, wurden sie bei der ersten Brücke von einer Patrouille Soldaten aufgehalten und noch ein zweites und ein drittes Mal zum Wählen geschickt! — Wenn das Verfahren in ähnlicher Weise auch in anderen Indianergebieten durchgeführt wurde, so braucht man sich über die gewaltige Stimmenmehrheit nicht zu wundern, mit der jener Kandidat aus der Wahl hervorging.

Wenn auch die hohe Politik dem Indianer im allgemeinen ein Buch mit Sieben Siegeln ist, so beteiligt er sich aber andererseits gerne an der Verwaltung der Munizipien (um so mehr als vielfach der Gebrauch besteht, daß Indianer, die ein höheres Amt im Gemeindedienst bekleidet haben, nachher von gewissen Arbeitsleistungen befreit bleiben). Doch liegt die eigentliche Leitung der Geschäfte in vielen Indianergebieten nicht in der Hand des indianischen Bürgermeisters, sondern in der des Gemeindeschreibers, der oft ein Mischling ist und sehr häufig allein in der ganzen Gemeinde zu lesen und zu schreiben versteht.

Obgleich die Verwaltung der Gemeinden im allgemeinen nach der vorgeschriebenen Schablone eingerichtet ist, so macht sich doch manchmal noch ein gewisser altindianischer Einschlag darin geltend und in sehr entlegenen Waldgebieten fehlt die spanische Form oft ganz. Stellenweise, wie bei den Bribri in Costarica, regiert die Obrigkeit noch nach altem Brauch durch die Vermittelung der ererbten Monarchen. Ähnlich ist es bei den unabhängigen Indianerstäätchen im südlichen Yucatan, wo der herrschende „General“ freilich offiziell die Ernennung zum „Jefe politico“ und zum Richter erster Instanz von der mexikanischen Regierung erhält.

[14]) Nur auf der Halbinsel Yucatan ergriffen die Einheimischen selbst die Initiative und machten im Laufe der Zeit durch Sisalhanfbau dieses vorher so arme Land — mit Hilfe der zahlreichen Indianerbevölkerung, die die Arbeit leistet — zu einem sehr reichen.

[14a]) Die Gewinnung der Arbeiter erfolgt in Guatemala teils durch die Vermittelung der Regierungsbehörden, teils aber auch durch private Unterhändler (habilitadores) und ist für die Arbeitgeber mit bedeutenden Kosten verknüpft (vgl. Sapper, „Die Zukunft der Indianerbevölkerung Guatemalas“ im Archiv für Rassen- und Gesellschafts-Biologie VI, 1909, S. 44—52 und „Ansiedlung von Europäern in Mittelamerika“ in Schriften des Vereins für Sozialpolitik, München 1912, S. 40ff.).

Da es oft schwierig ist, die nötige Zahl von Arbeitskräften im Lande zu gewinnen, so hat man sowohl in den pazifischen als in den atlantischen Kaffeedistrikten schon gelegentlich Versuche mit der Einführung fremder Arbeiter gemacht, so Japaner, Gilbertinsulaner und (via Jamaica) selbst indischer Kulis; einen größeren Umfang hat diese Zufuhr fremden Blutes nicht annehmen können, da bald nach den ersten Versuchen eine starke Depression auf dem Kaffeemarkt eintrat und damit die immerhin kostspielige Einfuhr fremder Arbeiter unrentabel wurde. Neger werden auf Kaffeepflanzungen nur spärlich und mehr gelegentlich als Arbeiter verwendet. Bei der geringen Zahl der eingeführten Angehörigen fremder Rassen ist auch der Einfluß derselben auf das anthropologische Bild Mittelamerikas sehr gering geblieben.

Ähnlich erging es mit Versuchen der Einführung von Chinesen als Arbeiter auf den Sisalhanfplantagen in Yucatan: sie waren dem Klima und den körperlichen Anstrengungen nicht gewachsen und entflohen vielfach in die Indianergebiete, wo sie freundliche Aufnahme fanden und durch Vermischung in der Umgebung aufgehen werden. Auch beim Panamákanal wurde in der französischen Arbeitsperiode der Versuch, Chinesen zu verwenden, mit geringem praktischen Erfolg gemacht; da sie die schweren Arbeiten nicht zu leisten vermochten, schieden sie aus der Kanalarbeit bald aus und ließen sich als freie Gärtner, als Pflanzer in kleinem Stile, als Händler, Köche, Wäscher in Panamá, Bocas del Toro und benachbarten Plätzen in größerer Zahl nieder, so daß sie nunmehr in diesem beschränkten Gebiete immerhin ein nicht ganz unbedeutendes neues anthropologisches Element bilden.

[15]) Die pazifischen Hafenplätze scheiden aus, da von ihnen aus keine hinreichend rasche und billige Verbindung nach den Hauptkonsumptionsgebieten möglich ist.

[15a]) Daß die Zahl der zurückbleibenden Neger fast immer nur klein ist, hängt einmal damit zusammen, daß ihnen bei der Anwerbung freie Heimfahrt gewährt werden muß und außerdem der Taglohn sowohl bei Kanal- und Eisenbahnarbeiten wie bei den Arbeiten in den Bananenplantagen oder Holzfällereien um ein Mehrfaches höher zu sein pflegt, als in den Betrieben des Binnenlandes. Dagegen pflegt das einheimische weibliche Element in vielen Gegenden den Negern sehr geneigt zu sein: bei den Arbeiten der Nordbahn am Ende des 19. Jahrhunderts wurde im Motaguatal vielfach die Beobachtung gemacht, daß Mischlingsmädchen ihren früheren Liebhabern untreu wurden und sich den Negern zuwandten, um erst nach Abzug der letzteren beim Ende der Arbeiten wieder ihre früheren Liebhaber in Gnaden aufzunehmen. Durch derartige temporäre Verbindungen kommt aber viel Negerblut in den Nachwuchs hinein und bei der Zähigkeit, mit der sich die charakteristischen Züge der schwarzen Rasse auch bei weiteren Vermischungen immer wieder durchzusetzen pflegen, ändert sich damit das anthropologische Bild eines solchen Gebietes rasch nicht unwesentlich. Daß aber die somatischen und in etwas geringerem Grade auch die psychischen Züge der Neger bei Vermischungen sofort die Überhand über die der Indianer (und auch Mestizen) gewinnen, erkennt man deutlich bei der negerhaften Mischbevölkerung der atlantischen Küsten, die sich von reinen Negern nur noch durch ganz geringfügige, schwer

zu beschreibende, aber dem Kenner noch erkennbare Eigentümlichkeiten der Gesichtsausbildung und dgl. unterscheiden.

[16]) Nur in den trockeneren Gebietsteilen der Halbinsel Yucatan dürfte das gesunde und zähe Indianervolk der Maya sich dauernd — oder mindestens auf sehr lange Zeit — behaupten können.

[17]) Freilich muß hier festgestellt werden, daß die Malayen im Sunda-Archipel vielfach die ältere schwarze Bevölkerung ins Innere oder an die verkehrsarme Seite der Inseln gedrängt haben; aber hier handelte es sich offenbar einerseits um kriegerische Akte und nicht um allmählige Ersetzung der früheren Bevölkerung infolge besserer Eignung, und andererseits waren die Verdrängten Angehörige des viel schwächeren östlichen Zweigs der schwarzen Rasse, der den Negern nach Physis und Kultur weit nachsteht. —

[18]) Wenn man die Sache beim Licht betrachtet, so sind die Städte und größeren Dörfer mit einer nennenswerten Bevölkerung von Mischlingen der Verderb für das indianische Volkstum. Sie sind die Zentren, von denen aus alte Stammessitte und alte Art allmählich untergraben wird; hier findet der Indianer jederzeit den geliebten Branntwein vor und nicht selten trifft man am hellen Werktag einzelne der braunen Gesellen betrunken auf den Straßen, während auf dem Lande da, wo ausschließlich Indianerbevölkerung vorhanden ist, oft noch die Sitte der alten Zeit herrscht: völlige Nüchternheit in der festfreien Zeit, aber auch freilich allgemeine Betrunkenheit an den wenigen großen kirchlichen Festen der kleinen Gemeinden. Auf dem Lande sind auch die Indianerinnen den Verlockungen der vereinzelt inmitten der indianischen Bevölkerung wohnenden Weißen und Mestizen meist unzugänglich und gewöhnlich lassen sich diese ihre Köchinnen oder Molinderas aus der Stadt oder dem Dorf kommen, weil hier eine wesentlich laxere Auffassung der Moral unter den Indianerinnen gang und gäbe geworden ist. Daß das so geworden ist, ist wohl in erster Linie auf das Beispiel und die Anschauungen der Spanier und Mischlinge zurückzuführen und wenn die alten spanischen Mönche, die zum Zwecke besserer Katechisation die in Einzelgehöften und Weilern vielfach zerstreut wohnenden Indianer in größere Dörfer und Städte zu sammeln trachteten, diese Wirkungen vorausgesehen hätten, so hätten sie wohl weniger energisch auf die Bevölkerungskonzentration gedrängt und hätten eher das Beispiel des trefflichen Fray Bartolomé de Las Casas befolgt, der nach dem ersten Drittel des XVI. Jahrhunderts bei seinem erfolgreichen Versuch der friedlichen Christianisierung und Eroberung des „Kriegslandes“ Tezulutan, der nachmaligen „Verapaz“, sich von den spanischen Oberbehörden ausbedungen hatte, daß keine Spanier in diesem Neuland sich niederlassen dürften: er führte auch nur in kleinerem Maßstab eine Bevölkerungskonzentration durch und ließ im großen und ganzen die Hauptmasse der Indianer nach alter Sitte in zerstreuten Einzelhöfen weiter wohnen. Die Folgen dieser Maßregeln zeigen sich noch heute deutlich und heben namentlich die Alta Verapaz scharf von dem übrigen Guatemala heraus als ein Land von ungemein starkem Hervortreten indianischer Art, Sitte und Sprache und indianischen Blutes, sind hier ja nach der Volkszählung von 1893 noch 95% der Bevölkerung Indianer!

Freilich sind die Städte und Dörfer auch die Stätten der Schulen, daher also nach landläufiger Ansicht Stätten der Volksbildung und Volkserleuchtung und die gegenwärtige Guatemalaregierung hat im Bestreben, den Volksunterricht zu heben und zu verbreiten, sogar noch auf den entlegensten Kaffeeplantagen die Einrichtung von Schulen und die Anstellung von Schulmeistern angeordnet und durchgesetzt. Soweit hierbei wirklich der Unterricht der Indianerkinder ernstlich in die Hand genommen wird (was freilich sehr oft nicht geschieht!), kann der unparteiische Beobachter eine recht verschiedenartige Wirkung feststellen. Auf der einen Seite wird freilich der Intellekt der Indianer nach einer bisher stark vernachlässigten Seite hin entwickelt; sie lernen lesen und schreiben sowie, was für die Regierung eine Hauptsache ist, Spanisch sprechen, was sie zweifellos für viele Aufgaben geeigneter macht; auf der andern Seite aber verlieren sie den festen moralischen Halt, den ihnen die überkommene straffe Stammessitte verliehen hatte, denn sie kommen durch die Schule in den Konflikt zweier durchaus verschiedener Weltanschauungen hinein, dünken sich nach dem Beispiel der Mischlinge leicht besser, als ihre analphabetischen Stammesgenossen und halten sich in ihrem Tun und Treiben vielfach mehr an das Vorbild der Mischlinge, als an das ihrer Väter. So bringt ihnen denn die Schule einerseits zwar einen Gewinn in der Richtung des Intellekts und der Kenntnisse, aber zugleich auch oft einen Verlust in der Richtung des Charakters; oft genug kann man daher das Urteil hören: „Ein Indianer, der lesen und schreiben kann, ist ein Lump" und wenn dies Urteil in solcher Allgemeinheit auch ungerecht ist, so enthält es doch ein Körnchen Wahrheit und findet in vielen Einzelfällen eine unmittelbare Bestätigung.

In einer Hinsicht freilich hat die Bevölkerungskonzentration den gewünschten Erfolg ziemlich restlos gehabt: sie hat nicht nur die Verwaltung ganz wesentlich erleichtert, sondern auch die Christianisierung sehr begünstigt, so daß man jetzt in den Dörfern mit einer stärkeren Mischlingsbevölkerung nur noch wenige klare Überreste des alten heidnischen Glaubens findet, während derselbe auf dem Lande selbst bei Stämmen, die seit Jahrhunderten den christlichen Glauben angenommen haben, noch sehr stark neben diesem weiterwuchert. Die Kenntnis der christlichen Glaubenslehre ist z. B. in der Alta Verapaz auf dem Lande so dürftig, daß die Geistlichen seit längerer Zeit die Einrichtung getroffen haben, kein indianisches Ehepaar zu trauen, bevor dasselbe nicht eine hinreichende Kenntnis des Katechismus (einer in der betreffenden Indianersprache geschriebenen „Doctrina Christiana") nachgewiesen hatte. Dieses Examen bereitet manchem ehelustigen Indianer große Kümmernisse, beginnt aber bei gar manchem in der Gegenwart seine Schrecken zu verlieren, weil infolge der ungünstigen Kursverhältnisse und der immer stärker werdenden Verarmung viele Indianer die recht hohen Hochzeitsgebühren nicht mehr erschwingen können und darum neuerdings häufig auf die kirchliche Trauung verzichten, die früher ganz allgemein üblich gewesen war. Einer meiner langjährigen Reisebegleiter und Träger, der schon längere Zeit mit einer Indianerin zusammenlebte und bereits 5 Kinder von ihr hatte, meinte freilich auf Befragen, daß er sich noch kirchlich trauen lassen werde, sobald er das Geld zusammengebracht haben werde; ob er es aber später wirklich getan hat, ist mir unbekannt.

[19]) Freilich muß hier festgestellt werden, daß in den Altos der weitaus überwiegende Teil des nutzbaren Landes bereits seit langer Zeit im Besitz von Indianerdörfern und Einzelindianern ist und tatsächlich einen sehr großen Wert repräsentiert. Wegen der klimatischen Lage lassen sich aber hier keine exportfähigen und auf dem Weltmarkt konkurrenzfähigen Produkte in größerer Menge erzeugen und die starke Parzellierung verhindert auch landwirtschaftliche Unternehmungen in größerem Stil. In der Alta Verapaz sind einzelne Indianer nicht selten im Besitz größerer Ländereien, die sich sehr gut zur Anlage von Kaffeepflanzungen eignen würden; aber wenn auch die Indianer in kleinem Stil häufig Kaffee anbauen und reichen Gewinn daraus ziehen, so fehlt ihnen doch der weite Blick und der Unternehmungsgeist, die zur Anlage und Leitung einer größeren Pflanzung gehören würden, und damit entgeht ihnen die Möglichkeit, sich bis zu einem gewissen Grade unabhängig von Münzverhältnissen und Kursschwankungen zu machen. Meist parzellieren auch die Indianer, die im Besitz größerer Landstrecken sind, denselben sehr bald und geben damit an sich schon die Möglichkeit größerer landwirtschaftlicher Unternehmungen preis.

[20]) Zur Veranschaulichung der Kursschwankungen sei hier kurz erwähnt, daß der Kurs, in Prozenten über dem nominellen Kurs ausgedrückt, folgende charakteristische und z. T. sehr jähe Schwankungen zeigte: Im Jahre 1901 war der niederste Kurs 374, der höchste 600, im Jahre 1902 der niederste 540, der höchste aber 1400 (kurz nach dem Ausbruch des Santa Maria, während er einen Monat früher noch zeitweise auf 700 gestanden hatte). Der Kurs erholte sich zwar nachher wieder etwas, ging z. B. 1906 zeitweise wieder auf 920 zurück. Nachträglich stieg er aber wieder unter starken Schwankungen beträchtlich, so daß er in den letzten Jahren mehrfach 1600 überschritten hat.

Ähnlich ungünstige Münz- und Kursverhältnisse hat auch seit einer Reihe von Jahren die Republik Nicaragua, doch hat dies für die dortige Indianerbevölkerung geringere Bedeutung, da diese, an sich wenig zahlreich, nur in geringem Maße auf Taglohn angewiesen ist. Gesunde Münzverhältnisse zeigen dagegen Panamá, Costarica, Honduras (trotz sehr ungünstiger Finanzen), Salvador und Mexiko; ob in letzterem freilich in den gegenwärtigen Wirren nach Einführung von Papiergeld die bisherige Übung metallischer Zahlungen auf den landwirtschaftlichen Betrieben aufrecht erhalten werden kann, oder ob man, wie seinerzeit in Guatemala, nach anfänglichem Sträuben schließlich gezwungen werden wird, zur Bezahlung in Papier überzugehen, wird die Zukunft zu lehren haben.

[21]) In Guatemala ist der freie Indianer wesentlich weniger von den Kursschwankungen abhängig, als der Pflanzungsarbeiter, weil er den Preis seiner Erzeugnisse dem jeweiligen Kurswert anzupassen vermag und so den Schädigungen der bedauerlichen Münzverhältnisse besser ausweichen kann. Leider ist der Indianer aber meist nicht imstande, den Schwankungen alsbald zu folgen, weil er die Ursachen der Schwankungen und diese selbst nicht zu überschauen vermag. So kam es, daß in den Zeiten rascher Entwertung des Geldes die indianischen Produkte nur langsam im Preise stiegen und erst die entsprechende Höhe erreichten, als bereits ein bedeutender relativer Verlust fur die Produzenten eingetreten war.

Die freien Indianer bringen übrigens außer einigen exportfähigen Artikeln (Kaffee, Sarsaparilla und anderen Sammelprodukten des Waldes, Fellen, Vogelbälgen und dgl.) hauptsächlich Erzeugnisse eigener landwirtschaftlicher und industrieller Betätigung für inländischen Verbrauch auf den Markt oder verhandeln sie im Hausierhandel auf langen, über Hunderte von Kilometern ausgedehnten Handelsreisen im Kleinverkauf. (Vgl. Sapper, Das nördliche Mittelamerika, Braunschweig 1897, S. 296 ff.) Obgleich dem Indianer ein ausgesprochener Geschäftssinn eigen ist, er auch in Produktion und Hausierhandel die Vorteile genossenschaftlichen Zusammenschlusses sehr wohl versteht und ausnützt, fehlt ihm doch auf diesem Feld meist der Überblick und Wagemut, der zu Geschäften in größerem Maßstab notwendig wäre, und darum ist auch die Zahl der Indianer mit ansehnlichem Vermögen und höherer gesellschaftlicher Stellung in der Allgemeinheit sehr spärlich.

[22]) Daß die Verarmung der Indianer seit der Conquista große Fortschritte gemacht hat, ist zweifellos; wohl dürfte die große Masse des Volkes auch ehedem in recht beschränkten Verhältnissen gewesen sein, aber die hohen Summen, die durch Steuererhebung oder auf Beutezügen von den Conquistadoren auch in Mittelamerika gewonnen wurden, sprechen deutlich dafür, daß damals, wenn auch vielleicht nur in den oberen Ständen, weit mehr Objekte von Geldeswert vorhanden waren, als etwa gegenwärtig; und noch im 17. Jahrhundert bezog ein Dorfgeistlicher, wie wir aus Th. Gage's Schilderungen wissen (A new Survey of the West-Indias, 2. Aufl. London 1655), ein Einkommen aus den Beiträgen der Indianer, wie es jetzt geradezu undenkbar wäre. Und besonders auffällig tritt der größere Reichtum der Indianer des 17. Jahrhunderts in ihrem nach Gage's Darstellung offenbar gar nicht so seltenen Besitz von Pferden und Maultieren hervor, während jetzt nur noch ganz vereinzelt Indianer ein Reit- oder Lasttier halten. Aber noch am Ende des 19. Jahrhunderts besaßen die Indianer von Guatemala ansehnliche Summen in barem Silbergeld, wie es sich immer zeigte, wenn sie von der Regierung große Ländereien vermessen ließen und kauften. Nach der Einführung des Papiergeldes verschwand aber auch bei den Indianern bald das Silbergeld und die geringe Kaufkraft des nunmehr zirkulierenden Papiergeldes erschwert — neben seiner materiellen Vergänglichkeit — die Ansammlung größerer Beträge sehr wesentlich.

Wesentlich besser steht es in dieser Hinsicht mit den Indianern in Ländern mit Silber- oder Goldwährung. Überall aber sind die unkultivierten Urwaldstämme, die in der Hauptsache noch auf Tauschhandel angewiesen sind, äußerst arm an realisierbaren Gütern.

[23]) Die alte Stammessitte hatte natürlich die härteste Belastungsprobe schon in der Conquistazeit zu bestehen, als eine völlige Umwertung vieler politischen und sozialen Werte eintrat. Aber gerade in den entlegeneren Landesteilen hatte sich eine große Summe alter Anschauungen erhalten, die noch immer das Tun und Lassen der Indianer nach alten Gewohnheiten auf vielen Gebieten bestimmten. Die politische Neugestaltung der Dinge am Anfang des 19. Jahrhunderts brachte darin keinerlei Änderung hervor, wohl aber die wirtschaftliche Umgestaltung am Ende dieses Jahrhunderts, weil diese tief in die Familien- und Gemeindeverhältnisse eingriff. Nun konnten Fälle vorkommen, wo die Masse der Indianer

nicht mehr blindlings den Worten ihrer erprobten alten Sprecher gehorchen wollte, sondern wo bei Arbeiter- und Lohnfragen plötzlich die jüngere Generation das Recht der Entscheidung beanspruchte mit dem Hinweis, daß ja sie, und nicht die Alten die Arbeit zu leisten hätten.

Während derartige soziale Umwälzungen innerhalb der indianischen Bevölkerung den Charakter derselben an sich natürlich nicht ungünstig beeinflußten, geschah dies aber seit neuestem in betrübender Weise durch den Druck unmittelbarer Not: durch die fortschreitende Armut litt die einst fast absolute Ehrlichkeit in erschreckendem Maße, indem nun Erntediebstahl (Kaffee) und dgl. Vergehen in Städten und Plantagen ziemlich häufig auftreten und nur noch im reinen Indianergebiet die alte Tugend hochgehalten wird. Freilich sind Kleinigkeiten, die etwa den Kindern zum Spielen gebracht werden konnten, nie vor den Indianern sicher gewesen (eine Schraubenmutter, ein Stückchen Riemen und dgl.), aber während meines 12jährigen Aufenthaltes ist mir von Indianern niemals etwas von Belang entwendet worden, trotzdem ich stets, auch an der Straße, bei unverschlossener Türe schlief und bei meinen langdauernden weitreichenden Reisen unzählige Male in Indianerhütten übernachtete, wo dann meine Habseligkeiten oft völlig unbewacht zutage lagen. Bezeichnend ist es auch, daß man zuweilen einmal etwa einen Tisch, ein paar Stühle oder sonstige Möbel und Gegenstände allein am Wege stehen sieht: Teile eines Umzugs, welche die indianischen Träger im vollsten Vertrauen auf die Respektierung des fremden Eigentums hatten stehen lassen, wenn etwa Lebensmittelmangel sie zu einer kurzen Rückkehr nach ihrer heimatlichen Hütte zwang.

[24]) Die Zahl der im Feld stehenden Truppen pflegt allerdings nicht so sehr groß zu sein und Indianer sind nur selten in die Truppe eingereiht, weil nur diejenigen, die gut Spanisch sprechen, hier Verwendung finden können, die Mehrzahl der Leute aus reinen Indianergebieten aber nur wenig oder gar kein Spanisch versteht. Trotzdem werden im Fall von Kriegen oder Revolutionen zahlreiche Indianer als Träger von Kriegsbedarf und Proviant benötigt — ein Dienst, der den Indianern wenig begehrenswert erscheint, um so weniger, als sie gänzlich unpolitisch sind und gewöhnlich gar nichts von dem nationalen Feind oder den Parteihäuptern wissen. Da unter solchen Umständen die Indianer einem Gestellungsbefehl nicht Folge leisten würden, so pflegen die Behörden in den Indianergebieten einfach Indianer, die des Weges kommen, aufzugreifen und ins Gefängnis zu stecken, bis die von der Regierung verlangte Zahl erreicht ist und die ganze Schar dann unter Militärbedeckung an den gewünschten Ort geschickt werden kann. Die Nachricht, daß Leute aufgegriffen werden, verbreitet sch aber mit Windeseile durch das ganze Land und jeder Indianer hütet sich nun, zur Stadt auf dem offenen Wege zu gehen. Wenn aber die Behörden auf die oben angegebene Weise nicht zum Ziele kommen, so werden des Nachts militärische Patrouillen ausgeschickt, um in die Indianerranchos einzudringen und dort die nötigen Träger zu pressen. Da aber auch diese Praxis natürlich seit lange bekannt ist, so finden die Soldaten in den Hütten meist nur Greise, Weiber und Kinder vor, während die arbeitsfähigen Männer sich in den Wäldern oder entlegenen Pflanzungen versteckt halten, bis die Gefahr des Abgefangenwerdens, also bis die Unruhe vorüber ist. Da dies aber Wochen, selbst Monate dauern kann, so kommt es vor, daß sehr viele Felder nicht rechtzeitig bestellt oder gereinigt werden können, was wieder für die Zukunft große Ernährungsschwierigkeiten im Gefolge haben kann. Das Schlimme an der Sache ist eben, daß die Regierung vielleicht 500 oder 1000 Mann von einem Departamento braucht, aber infolge der erwähnten Umstände dann leicht 10000 und mehr Männer feiern, so lange der Krieg dauert. Ich habe diese Dinge nicht etwa nur aus der Ferne beobachtet oder vom Hörensagen allein kennen gelernt, sondern am eigenen Leibe erfahren: denn als ich 1890 die Kaffeepflanzung Campur verwaltete und in diesem Jahre ein glücklicherweise nur kurzdauernder Krieg mit Salvador ausbrach, da hatte ich für die Dauer des Krieges plötzlich keine Arbeiter mehr, so daß alles liegen bleiben mußte, obgleich von den mehreren Hunderten meiner Arbeiter nur ein paar wirklich abgefangen und fortgeschickt worden waren.

Aber auch auf den Indianerinnen lastet zuweilen die Last des Krieges, indem nicht selten eine größere Zahl derselben ins Feld geschickt wird, um den notwendigen Mais zu mahlen und die Tortillas (Maiskuchen) zu backen; in andern Fällen aber verlangt die Regierung die Stellung von größeren Mengen von Totoposte (gebackenen und ausgedörrten Maiskuchen, die einen vortrefflichen Dauerproviant darstellen); auch in diesem Fall liegt natürlich die Herstellung den Indianerinnen ob und zugleich werden dadurch der betreffenden Gegend große Mengen von Nahrungsmitteln entführt, wie zum Beispiel die Alta Verapaz allein bei der Mobilmachung gegen Salvador im Jahre 1903 1000 Traglasten dieses Dauerproviants zu stellen und mit Indianern in das etwa 12—16 Tagmärsche entfernte Lager zu verbringen hatte.

Die Folge dieser Umstände war eine so große Maisknappheit, daß im folgenden Jahre viele Indianer schon kein Saatgut mehr hatten, und da die bestellten Felder schwer unter übermäßigem Regen litten, so trat geradezu eine Hungersnot in der Alta Verapaz ein, die die Pflanzer durch Maiseinfuhr aus dem Ausland zwar lindern, aber nicht beheben konnten. Viele Indianer gingen nun ins Tiefland zur Suche nach Mais und kamen häufig mit den Keimen schwerer Krankheiten zurück. So kam es, daß in den Jahren 1903—1906 an Hunger und Krankheiten etwa 10 % der Bevölkerung der Alta Verapaz wegstarben. (Näheres darüber im Archiv für Rassen- und Gesellschaftsbiologie VI. 1909, S. 52 ff.)

[25]) Obgleich der Bau der Nordbahn damals bereits die regenfeuchten Tieflandsregionen hinter sich hatte und in den trockeneren Gebieten des Motaguatals und der angrenzenden Gebirgsgegenden weiter geführt wurde, so zeigte doch der Erfolg, daß die Indianer auch hier bei den Erdarbeiten in großer Zahl erkrankten und wenn überhaupt, dann vielfach mit Malaria behaftet und darum oft für längere Zeit arbeitsunfähig heimkehrten. Die Zahl der Arbeiter an der Nordbahn war sehr beträchtlich, mußte doch die Alta Verapaz allein 1905 und 1906 monatlich 400 Mann auf je 14 Tage zur Nordbahn stellen. Die geographische Lage des Departamento brachte es aber mit sich, daß es gleichzeitig auch ständig je 100 Mann auf 14 Tage an die Peten = Telegraphenlinie stellen mußte, und das war schlimmer, als die Bahnarbeit, weil es hier ins regenfeuchte viel ungesundere Tiefland ging. Diese Telegraphenlinie, die etwa 150 km weit durch dichtesten Urwald hindurchgeht, ist deshalb immer aufs neue reparaturbedürftig, weil die Termiten viele Pfosten anfressen und zu Fall bringen; außerdem muß aber die Linie gegen Windschlag geschützt werden, zu welchem Zweck je gegen 15 m Wald zu beiden Seiten niedergelegt werden muß; da aber in dem feuchtwarmen Klima die Bäume sehr rasch wieder nachwachsen, also bald wieder gefährlich werden können, so ist von Zeit zu Zeit immer wieder ein Neuausholzen der breiten Gasse notwendig, was bei der langen Erstreckung natürlich jeweils viele Arbeiter erfordert. Es würde sich in diesem Fall zweifellos sehr gut bewähren, wenn man auch hier, wie in den Urwäldern des Amazonasgebietes, drahtlose Telegraphie einführte.

[26]) Die gegenwärtige Zahl der reinen Indianer ist nur sehr schwer festzustellen, da die meisten mittelamerikanischen Staaten bei ihren Volkszählungen die Rassenzugehörigkeit nicht berücksichtigen. Nur Guatemala ließ bei seinem Zensus von 1893 Indianer und Ladinos (d. h. Mestizen, aber einschließlich der Kreolen, Neger, Zambos und etwaigen Mulatten) unterscheiden und Mexiko hat bei seinen Volkszählungen die Sprachenzugehörigkeit notiert. Freilich sind die betreffenden Sprachenangaben häufig unrichtig; es scheinen namentlich die indianisch und spanisch sprechenden Indianer als „Spanisch redend" gerechnet worden zu sein, so daß die Zahl der reinen Indianer in Mexiko weit höher sein wird, als die Zahl der als indianisch redend angegebenen Individuen beträgt. Andererseits ist aber zweifellos wieder unter der Zahl der indianisch redenden Personen von Mexiko oder der als „Indios" in den Listen Guatemalas geführten Individuen ein gewisser Prozentsatz von Mischlingen enthalten, wie ich in vielen Einzelfällen mich persönlich habe überzeugen können. So können selbst für Südmexiko und Guatemala nur schätzungsweise Angaben über die Zahl der reinen Indianer gemacht werden, aber es sind wenigstens Schätzungen, die auf dem festen Grund gewisser Zählungsergebnisse ruhen. Weit schlimmer steht es aber mit den Angaben über die Zahl reiner Indianer in den spanisch redenden Gebieten von Salvador, Honduras und Nicaragua, für welche eigentlich nur Vermutungen geäußert werden können,

da auch ein gewiegter Anthropologe nicht imstande sein wird, reine Indianer mit Sicherheit von Mestizen mit sehr starkem Einschlag von Indianerblut zu unterscheiden. Die nicht zivilisierten indianisch redenden Urwaldstämme dieser und der südlicheren mittelamerikanischen Staaten sind nun zwar in der Natur sehr leicht von der übrigen Bevölkerung zu unterscheiden, aber die Zahlen sind großenteils nicht bekannt oder mir wenigstens nicht zugänglich gewesen.

Da ich von den mexikanischen Zählungsergebnissen 1900 diejenigen von Chiapas nicht bekommen konnte, so muß ich für diesen Staat mich auch jetzt noch auf die Zählung von 1895 stützen und da die Volkszählungsergebnisse von 1903 in Guatemala nie veröffentlicht wurden, so muß ich auch für dieses Land mich noch immer auf den Zensus von 1893 stützen. Infolgedessen kann ich auch jetzt in der Hauptsache nur die Zahlen wiederholen, die ich in einer früheren Zusammenstellung (Der gegenwärtige Stand der ethnographischen Kenntniß von Mittelamerika im Archiv für Anthropologie, N. F. Bd. III 1904 S. 9 f.) gegeben habe. Nur für die südlicheren Länder Mittelamerikas habe ich unter dem Eindruck von Mitteilungen ausgezeichneter Kenner dieser Gebiete (der Herren Dr. Rothschuh in Aachen und Dr. Walter Lehmann in München) die Zahlen z. T. nicht unwesentlich geändert, betone aber ausdrücklich nochmals, daß es sich hier nur um Vermutungen handelt.

Die Gesamtzahl der reinen Indianer Mittelamerikas darf sicherlich auf mehr als 1 $^1/_2$ Millionen Seelen, also $^1/_4$ der Gesamtbevölkerung angegeben werden; ebenso darf man als sicher annehmen, daß sie die Zahl von 2 Millionen nicht erreicht.

Der Vergleich der Zählungsangaben der südmexikanischen Staaten aus den Jahren 1895—1900 zeigt übrigens auch zahlenmäßig die Zunahme der indianisch redenden, also wohl auch der reinblütigen indianischen Bevölkerung. So wurde z. B. die Zahl der Huave redenden Personen 1895 auf 3348, 1900 aber auf 3901 angegeben; die Zahl der Maya redenden Bevölkerung betrug 1895 in den Staaten Yucatan, Campeche und Tabasco nach den Angaben der Volkszählung 249 929 Personen, 1900 aber 267 630. Man darf aber gewiß annehmen, daß die Zahl der Mayas über 300 000 beträgt.

Diese Indianer selbst sind zweifellos reinblütig, aber großenteils wohl nicht stammesrein, da vor der Ankunft der Spanier durch Einwanderung fremder Volksteile, durch Sklaverei, Wechselheirat u. dgl. viel stammfremdes Blut hereingekommen sein wird, und die jüngste (gewaltsame) Transplantation von Yaquis am Anfang des 20. Jahrhunderts aus Sonora nach Yucatan wird sicherlich rasch zu einem Aufgehen dieses völlig stamm- und sprachfremden Volksteils in der Mayabevölkerung führen. Ähnliche Verschmelzungen haben gewiß auch vielfach da stattgefunden, wo Stämme nördlicher und südlicher Herkunft zusammentrafen. So kommt es, daß Blutsvermischung zwischen den verschiedenartigsten Stämmen schon vor der europäischen Invasion stattgefunden hat und sich auch nachher, wenn auch vielleicht in verringertem Maße, fortsetzte; und man versteht nun auch, daß auf dem Wege anthropologischer Untersuchung eine klare Gliederung der mittelamerikanischen Indianer nicht zu erreichen ist, obgleich natürlich extreme Typen sich außerordentlich scharf schon auf den ersten Blick auseinander halten lassen, ja manche Vertreter südlicher und nördlicher Herkunft sich schon durch den Völkergeruch deutlich unterscheiden.

Etwas besser als anthropologische Merkmale eignen sich schon solche der Kultur zur Gliederung der indianischen Völker Mittelamerikas; aber auch darnach treten nur die großen Gruppierungen deutlich heraus, und wenngleich auch jeder der kleinen Stämme, soweit sie genauer untersucht sind, gewisse Eigentümlichkeiten aufweist, so erkennt man doch leicht, daß extreme Ortschaften großer Stämme sich in ihrer Kultur oft wesentlich stärker unterscheiden, als benachbarte Dorfschaften verschiedener Stämme.

So bleibt denn zur genaueren Gliederung der indianischen Bevölkerung Mittelamerikas nur das Hilfsmittel der Sprache, oder wo diese erloschen ist, der Nachweis der einstigen Sprache auf geschichtlichem Weg. Freilich ist auch die Sprache nicht immer ein sicherer Führer: so finden sich unter der Kekchí redenden Bevölkerung einzelne Abteilungen, die sich ethnologisch deutlich von den eigentlichen Kekchis unterscheiden (besonders die Lanquineros und Cahaboneros) und wohl ursprünglich dem Cholstamm angehörten, dem sie ethnologisch und nach dem Körperhabitus so sehr gleichen, daß meine Kekchileute, als sie mit mir die über 300 km von ihrer Heimat entfernten Choldörfer von Chiapas und Tabasco besuchten, beim Anblick der ersten Cholweiber — ohne zu wissen, welche Frage mich beschäftigte — mit einem Ausruf des Erstaunens stehen blieben und mir sagten, diese Weiber sähen genau so aus wie die von Lanquin und Cahabon (s. Petermanns Mitteilungen 1895 S. 180 b)! Obgleich in diesem Fall ein Zweifel der Stammverschiedenheit trotz der gegenwärtigen Sprachübereinstimmung kaum mehr möglich ist und ähnliche Fälle bei genauerer Untersuchung vielleicht noch öfter zu finden sein dürften, so müssen wir doch die Sprache noch immer als den sichersten Führer im Wirrsal der mittelamerikanischen Völker betrachten. Sie zeigt auch in den meisten Fällen deutlich die Herkunft der Stämme aus Norden oder Süden an, um so mehr wenn auch Geschichte und Tradition keinerlei Andeutung geben, und nur in ganz vereinzelten Fällen versagt dies Hilfsmittel völlig. Ein solcher Fall ist mit der Tapachulteca gegeben. Die Stadt Tapachula in Soconusco (Chiapas) scheint sogar zwei verschiedene Sprachen zu beherbergen, oder beherbergt zu haben, denn als ich 1893 ein kleines (leider inzwischen verloren gegangenes) Vokabular daselbst aufnahm, hatte ich es mit einem bereits stark mit spanischen Wörtern durchsetzten, offenbar dem Aussterben nahen Idiom zu tun, das deutliche Zugehörigkeit zu den Mije-Sprachen aufwies. Als ich mich aber angesichts des Verlusts meines Vokabulars um neues Sprachmaterial nach Tapachula wandte, erhielt ich von Herrn A. Ricke ein Vokabular, das einem anderen, mit keiner der bekannten Sprachen Amerikas verwandten, von nur wenigen noch gesprochenen Idiom angehörte (s. Sapper, Über einige Sprachen von Südchiapas, XVII. Internationaler Amerikanistenkongreß, Mexiko 1912 S. 296 ff.) Außer diesen und einem ähnlichen von Stoll besprochenen Fall zu Aguacatan, Guatemala (O. Stoll, Zur Ethnographie der Republik Guatemala, Zürich 1884, S. 166 ff.) sind wir aber dank den Untersuchungen eines Pimentel, Berendt, Stoll, Brinton, Pinart, Pittier, Lehmann u. a. in der Lage, wenigstens die Zugehörigkeit der einzelnen Sprachen zu größeren Gruppen, insbesondere zu den Hauptgruppen nördlicher und südlicher Herkunft festzustellen.

Betrachten wir zunächst die Sprachen, bzw. Stämme nördlicher Herkunft, so können wir feststellen, daß sie sich auf 4 Familien verteilen: die Maya-Familie, die Nahuatl- oder mexikanische Familie, die Mije-Familie und die mixteco-zapotekische Familie.

Unter diesen zählt die Mayafamilie bei weitem die meisten Zugehörigen auf mittelamerikanischem Boden; sie ist auch die einzige Sprach- und Völkerfamilie nördlicher Herkunft, die ihr Hauptverbreitungsgebiet in Mittelamerika hat; während die übrigen Familien nördlicher Herkunft nur kleinere Ausläufer vom mexikanischen Block aus nach Mittelamerika hineingesandt haben, befindet sich die Hauptmasse der Mayavölker, geschlossen beisammen wohnend, im nördlichen Mittelamerika mit einer Volkszahl von jedenfalls mehr als 1 ¼ Million Seelen, während der einzige außerhalb Mittelamerikas wohnende Stamm dieser Familie, die Huastecos, nur ca. 40 000 Seelen zählt (in den mexikanischen Staaten San Luis Potosi und Veracruz nach der Zählung 1895: 40 338, 1900: 39 999). Sprachlich stand dieser Stamm nach der früheren Annahme auch recht selbständig den zahlreichen Sprachen des mittelamerikanischen, meist als Maya-Quiché bezeichneten Zweigs der Familie gegenüber und die Verschiedenheit schien sich durch lange zeitliche Trennung der beiden Zweige einfach erklären zu lassen, bis ich 1894 in dem chiapanekischen Dorfe Chicomucelo eine dem Aussterben entgegengehende Sprache fand, die nahe verwandtschaftliche Beziehungen zur Huasteca erkennen läßt (s. XVII. Amerikanistenkongreß S. 301 ff.) Fast scheint es mir nun, als ob schon seit sehr langer Zeit die Mayas im nördlichen Mittelamerika (von Salvador und Honduras an bis Yucatan) ihre Sitze innegehabt hätten und ein besonderer Zweig, die Huastecos, unter Zurücklassung eines Stammesteiles, nach Norden hin ausgewandert wäre. Sei dem, wie ihm wolle, wir finden von der großen Mayafamilie auf mittelamerikanischem Boden folgende Stämme. (Zahlen nach meiner früheren Zusammenstellung im Archiv für Anthropologie, N. F. III, S. 9):

	Wohnort	indianisch redende	spanisch Indianer
I. Huasteca-Zweig:			
Chicomuceltecos	Südchiapas	500?	3 500?
II. Maya-Quiché-Zweig:			
1. Mayas im engeren Sinn,	Yucatan, Campeche Chiapas, Tabasco, Peten, Britisch Honduras	c. 300 000	—
einschließlich der Lacandonen	Peten, Ostchiapas	500?	—
und der Mopanes von S. Luis und S. Antonio	Peten, Britisch Honduras	500?	—
a) Chol-Gruppe			
2. Chontales	Tabasco	20 000	—
3. Choles (Putum, Punctunc)	Chiapas, Tabasco (ohne Lanquineros und Cahaboneros c. 10 000?)	20 000	—
4. Chorti	Guatemala, Honduras	20 000	30 000?
b) Tzental-Gruppe			
5. Tzentales (Tzeltales)	Chiapas	40 000	—
6. Tzotziles (Quelenes)	„	50 000	—
7. Chaneabales (Tojolabal)	„	10 000	—
c) Mam-Gruppe			
8. Mam (Mame)	Guatemala, Chiapas	115 000	—
9. Ixiles	Guatemala	12 000	—
10. Aguacatecos	„	4 000	—
11. Chujes	Guatemala, Chiapas	13 000	—
12. Jacaltecos	„	36 000	—
13. Motocintlecos	Chiapas	3 000?	—
d) Quiché-Gruppe			
14. Quichés	Guatemala	278 000	—
15. Cakchiqueles	„	131 000	—
16. Tzutuhiles	„	14 000	—
17. Uspantecos	„	3 000	—
e) Pokom-Gruppe			
18. Kekchi	Guatemala	85 000	—
19. Pokomchi	„	20 000	—
20. Pokomames	„	30 000	20 000?

Von der Nahuatl-Familie, deren Hauptwohnsitze auf dem mexikanischen Block liegen und deren Gesamtzahl nach O. T. Mason (Mexico, compiled by the Bureau of the American Republics, Washington 1900, S. 24) auf 1 3/4 Millionen berechnet werden kann, sind mehrere Zweige längs der Atlantischen wie der pazifischen Küste nach Mittelamerika eingewandert. Von beiden Zweigen sind noch größere Volksmengen auf mittelamerikanischem Boden erhalten: die Ahualulcos in den Staaten Veracruz und Tabasco und die Pipiles in Südchiapas, Guatemala und Westsalvador; es mögen noch 30 000 Indianer an der Jahrhundertwende das eigene Idiom gesprochen haben, während 40—60 000 reine Indianer nur noch spanisch verstehen. Die entfernteren Nahuatl-Kolonien der Alagüilac im Montaguatal (Mittelguatemala), der Nicaraos in Nicaragua und der Siguas in Panama an der Chiriquilagune sind als Indianer ausgestorben.

Von der Mixe-Familie, deren Gesamtseelenzahl über 70 000 betragen muß, wohnen auf mittelamerikanischem Boden:

1. Mixes (Mijes)	Staat Oaxaca	c. 5 000
2. Populucas	„ Veracruz	c. 14 000
3. Zoques (Soc)	„ Chiapas, Oaxaca	c. 20 000

Von der mixteco-zapotekischen Familie, deren Gesamtseelenzahl nach Mason auf 580 000 ansteigt, wohnen in Mittelamerika c. 40 000 Zapoteken (in den Staaten Oaxaca und Veracruz).

Während die Gesamtzahl der mittelamerikanischen Indianer nördlicher Herkunft, die auch durchweg nur noch im nördlichen Mittelamerika leben, auf rund 1 450 000 angenommen werden darf, ist die Zahl der reinblütigen Indianer südlicher Herkunft sehr viel geringer, obgleich eine Reihe von Stämmen ihre Wohnsitze nach dem nördlichen Mittelamerika vorgeschoben haben, ihr ursprüngliches Wohngebiet in Mittelamerika also an Flächenausdehnung dem der nördlichen Stämme nicht nachstand.

Nach W. Lehmanns neuesten sprachlichen Untersuchungen muß ich die Mehrzahl der von mir früher als isolierte Sprachen bezeichneten Idiome als solche einer sehr frühen südamerikanischen Einwanderung auffassen. Zu dieser gehören einmal etliche Stämme der Chiapanekenfamilie, von denen freilich nur eine kleine Zahl (Chiapaneken oder Zocton in Mittelchiapas, vielleicht 1000 Seelen) um die Jahrhundertwende noch ihr altes Idiom sprach, indes die südlichen Stämme dieser Familie (Cholutecas in Südhonduras, Chorotegas in Westnicaragua und Orotinas in Nordwestcostarica) keine Indianersprache mehr verstehen, obgleich vielleicht noch 10 000 spanisch redende Vollblutindianer vorhanden sein mögen. Von den Xinca (Sinca) in Südguatemala mögen noch 10 000 Leute das angestammte Idiom sprechen; ob das ausgestorbene Populuca in dem benachbarten Conguaco damit verwandt oder vielleicht identisch war, ist unbekannt, könnte aber vielleicht durch Flurnamenforschung noch festgestellt werden. Von den Xicaques (Jicaques) im nördlichen Honduras leben etwa noch 6000 indianisch redende Indianer, von den Lencos in Südhonduras und Ostsalvador vielleicht noch 1000, während die Zahl der reinblütigen, aber spanisch redenden Lencos auf 20—30 000 Seelen geschätzt werden dürfte. Von den Matagalpa-Indianern (Chontales, Populuca) in Nicaragua mögen wohl 20—40 000 spanisch redende Vollblutindianer noch vorhanden sein; im benachbarten Ostsalvador aber wohnen in Cacaopera und Lislique noch etwa 3000 indianisch redende Cacaoperaleute, die sprachlich wohl fast ganz mit den Matagalpa übereinstimmten. Ob die vielleicht noch von 1000 Individuen gesprochene Sprache von Guatijiagua (Ostsalvador) dem Lenca oder Cacaopera nahestand, ist noch nicht festgestellt, wahrscheinlich ist es aber, daß es mit einem von beiden verwandt ist. Von den Subtiabas (Nagrandans, Maribios) in Nicaragua sprachen um die Jahrhundertwende höchstens noch 1000 Personen ein wenig das alte Idiom, während der Stamm vielleicht außerdem noch 2000 reinblütige, aber spanisch redende Individuen zählen mochte.

Einer wohl schon etwas jüngeren südamerikanischen Einwanderung gehören an: Die Payas in Nicaragua, noch c. 800 Seelen, die Sumo mit ihren verschiedenen Unterstämmen im östlichen Honduras und Nicaragua, c. 4000 Seelen, die Misquitos im östlichen Honduras und Nicaragua, c. 12 000 Leute, und die nahe zusammengehörigen Ramas (Ostnicaragua), c. 250, und Guatusos (Nordcostarica), etwa ebensoviele.

Einer jüngsten südamerikanischen Einwanderung gehören dann folgende Glieder der Chibchafamilie an: die Cabécara, Bribri, Térraba und Brunca im südlichen Costarica und benachbarten Gebieten der Republik Panamá, zusammen c. 5000 Seelen, die Dorasques c. 1000, Guaimí c. 10 000 und Cuna c. 8000 in der Republik Panamá, westlich der Kanalzone. Von den Guaimi mögen außer den indianisch redenden Leuten etwa ebensoviele spanisch redende Vollblutindianer vorhanden sein.

Ganz isoliert stehen unter den Indianern südamerikanischer Herkunft die Huaves da, c. 4000 Seelen, im Staat Oaxaca südlich von Tehuantepec, nahe der Küste wohnend. Mit den Huaves kann man die Gesamtzahl der Indianer südlicher Herkunft in Mittelamerika auf etwa 120 000—150 000 schätzen.

Eine ganz neue Einwanderung südamerikanischer Herkunft bewirkten schließlich die Engländer im Jahre 1796, als sie mehrere tausend aufständische Karaiben von der Insel St. Vincent nach Ruatan überführten, von wo aus sie sich nach den benachbarten Küsten von Guatemala, Spanisch- und Britisch-Honduras ausbreiteten. Sie bewahrten zwar ihre Sprache und bis zu einem weitgehenden Maß ihre ethnologische Eigenart, verloren aber durch Vermischung mit den an der Küste ansässigen Negern ihre Rassenreinheit. Die Gesamtzahl dieser Zambos mag 20—30 000 betragen. —

SIEBENTER JAHRESBERICHT

DER

WISSENSCHAFTLICHEN GESELLSCHAFT IN STRASSBURG

ERSTATTET

BEI DER JAHRESVERSAMMLUNG AM 12. JULI 1913

VON

HARRY BRESSLAU.

MIT DEM VERZEICHNIS

DER MITGLIEDER DER GESELLSCHAFT.

STRASSBURG
VERLAG VON KARL J. TRÜBNER
1914.

Hochansehnliche Versammlung!

Indem ich die siebente öffentliche Sitzung unserer Wissenschaftlichen Gesellschaft eröffne, ist es mir eine angenehme Pflicht und eine Freude, die Gönner und Freunde unserer Arbeiten und Bestrebungen, die uns die Ehre erwiesen haben unserer Einladung Folge zu leisten, namens der Gesellschaft zu begrüßen und ihnen für ihr Erscheinen unseren verbindlichsten Dank auszusprechen. Aufrichtigen und warmen Dank habe ich auch den akademischen Behörden zu sagen, die uns nicht nur heute wie früher für unsere öffentlichen und geschlossenen Sitzungen die schönen Festräume der Universität zur Verfügung gestellt, sondern uns nunmehr auch für unser Archiv und für die Sitzungen unseres Ausschusses ein festes Heim bereitet haben, indem durch übereinstimmende Beschlüsse des Kuratoriums, des akademischen Senats und der philosophischen Fakultät ein neben dem Senatssaal belegenes Zimmer unserer Gesellschaft zur dauernder Mitbenutzung überlassen worden ist.

Das siebente Lebensjahr unserer Gesellschaft, über das ich heute zu berichten habe, ist in ruhiger und, wie ich hoffe, nicht fruchtloser Arbeit verlaufen. Von der Reihe unserer Schriften sind zwei Hefte ausgegeben worden; das 16., das eine eindringende Untersuchung von Herrn Rehm über die standesherrliche Schiedsgerichtsbarkeit, ihre Zulässigkeit und ihre Grenzen im heutigen Recht enthält, und das 17., in dem, außer dem 6. Jahresbericht, der anziehende und formvollendete Vortrag über chemische Steuerungsvorgänge im Tierkörper, den Herr Hofmeister vor einem Jahre an dieser Stelle gehalten hat, weiteren Kreisen zugänglich gemacht worden ist. In diesem 17. Heft ist zum ersten Male in unseren Schriften die mathematisch-naturwissenschaftliche Klasse unserer Gesellschaft (wenn ich diesen Ausdruck bei unserer, eine eigentliche Klasseneinteilung nicht kennenden Verfassung gebrauchen darf) zum Worte gekommen, und ich freue mich, schon jetzt ankündigen zu können, daß das von Herrn Hofmeister gegebene gute Beispiel nicht lange ohne Nachfolge bleiben wird. Nachdem nämlich das im November 1909 auf den Flanken des Piks von Teneriffa gegründete geophysikalische und aerologische Observatorium seine Aufgabe im Anfange dieses Jahres im wesentlichen vollendet hat, steht jetzt die Bearbeitung und Veröffentlichung der dort gemachten, unter den verschiedensten Gesichtspunkten wichtigen Beobachtungen unmittelbar bevor; und Ihr Ausschuß hat auf den Antrag des Herrn Hergesell beschlossen, diese Publikation in die Reihe unsrer Schriften aufzunehmen, in der sie drei, im Laufe der nächsten drei Jahre erscheinende Hefte füllen soll. Ein weiteres, schon beschlossenes Heft wird religions- und kirchengeschichtlich interessante koptische Texte, hauptsächlich aus einer Handschrift des 7. Jahrh. zu Cheltenham, darbieten, zu deren Herausgabe sich die Herren Crum und Ehrhard verbunden haben. Andere Hefte, in denen einerseits die interessante Sammlung ägyptischer Ostraka, die S. K. H. der Prinz Joachim von Preußen unserer Universität zum Geschenk gemacht hat, publiziert werden soll, andererseits eine nicht unbeträchtliche Anzahl bisher ungedruckter Urkunden zur Geschichte Straßburgs und des Elsaß im späteren Mittelalter bekannt gemacht werden soll, sind in der Vorbereitung begriffen; endlich dürfen wir auch von Herrn Schwartz weitere wertvolle Beiträge zu unseren Schriften erwarten, die mit seinen Vorarbeiten für das Konzilienwerk zusammenhängen.

Für eine so gesteigerte Tätigkeit in der Publikation unserer Schriften ist es sehr willkommen, daß zu den dafür verwendbaren Erträgnissen der Trübnerstiftung jetzt noch die Einnahmen hinzutreten, die uns aus dem Erlös für den Verkauf unserer früher erschienenen Schriften zufließen. Sie belaufen sich im verflossenen Jahre auf den ansehnlichen Betrag von 7600 Mk., von denen wir 3000 Mk. zur Rückzahlung eines von der Cunitzrepräsentation für die Publikation des Alexandersarkophags bewilligten Darlehens verwandt haben und 4600 Mk. dem allgemeinen Fonds unserer Gesellschaft, über den wir ganz frei verfügen können, zuführen. Für die nächsten Jahre werden wir allerdings mit auch nur annähernd gleichen Eingängen nicht rechnen können, sondern uns auf sehr viel kleinere Einnahmen beschränkt sehen; immerhin hat sich der seiner Zeit mit der Trübnerschen Buchhandlung abgeschlossene Vertrag über den Kommissionsverlag unserer Schriften doch als recht nützlich erwiesen.

Außerhalb der geschlossenen Reihe unserer Schriften sind von dem Sammelbuch griechischer Urkunden aus Ägypten, das Herr Preisigke im Auftrage unserer Gesellschaft mit unermüdetem Fleiße bearbeitet, bereits zwei Lieferungen erschienen, die der heutigen Mitgliederversammlung vorgelegt werden können. Ebenso freue ich mich, dieser Versammlung die seit längerer Zeit vorbereitete und eben vollendete Gedenkschrift auf Adolf Michaelis vorlegen zu können, die in den nächsten Wochen an alle Mitglieder versandt werden soll. Sie enthält neben einer Autobiographie und einem Portrait von Michaelis die Gedenkworte, welche die Herren Ziegler, Keil und Winter für unsere Gesellschaft, für die philosophische Fakultät und die Straßburger Graeca und für das Kaiserl. Archäologische Institut unserem unvergeßlichen ersten Präsidenten nach seinem Hinscheiden gewidmet haben, ferner als Hauptstück ein mit größter Sorgfalt bearbeitetes vollständiges Verzeichnis seiner Schriften. Um die Herstellung des über drei Bogen starken Heftes haben sich die Herren Keil und Winter besonders verdient gemacht, denen für die geschmackvolle Ausstattung der Schrift Herr Ficker beratend zur Seite gestanden hat.

Unser großes Unternehmen der Ausgabe der Acta conciliorum oecumenicorum, die auf etwa 20 Text- und 6 Registerbände berechnet ist, ist dank der bewundernswerten Arbeitskraft des Herrn Schwartz an dem entscheidenden Punkte angelangt, an dem es vor die Öffentlichkeit treten kann. Die heutige Mitgliederversammlung wird über einen Verlagskontrakt für diese Ausgabe zu beschließen haben; der Druck des ersten Bandes kann in allernächster Zeit beginnen. Leider ist es nicht der Band, mit dem ursprünglich der Anfang der Edition gemacht werden sollte; für ihn wäre noch eine Handschrift aus einem der Athosklöster heranzuziehen, und das ist bei den jetzigen Verhältnissen im nahen Orient unmöglich: so wirkt es selbst auf unsere friedliche gelehrte Arbeit störend ein, daß hinten fern in der Türkei die Völker aufeinanderschlagen.

Auch die Vorarbeiten für das jüngste unserer wissenschaftlichen Unternehmen, den Index zu den posttheodosianischen Novellen, das Herr Gradenwitz leitet, sind regelmäßig fortgeschritten; die Ordnung der Zettel, die dem stud. phil. M. Castor anvertraut ist, ist so weit gediehen, daß in wenigen Wochen der Abschluß dieser Ordnungsarbeit erwartet werden kann.

Zu diesem aus dem Vorjahr übernommenen ist im laufenden Jahre eine neue große Aufgabe hinzugetreten, die sich unsere Gesellschaft in Gemeinschaft mit der Heidelberger Akademie der Wissenschaften gestellt hat: es ist mir eine Freude, berichten zu können, daß damit der von mir vor einem Jahre an dieser Stelle geäußerte Wunsch eines gedeihlichen Zusammenwirkens der neugegründeten gelehrten Gesellschaften am Oberrhein schneller, als ich zu hoffen wagte, in Erfüllung gegangen ist. Die Bearbeitung eines großen Wörterbuches der Papyrologie, die wir gemeinsam mit der Heidelberger Akademie beschlossen und für die wir, wie die Schwesteranstalt, 5000 Mk., zahlbar in 5 Jahresraten von 1914 ab, bewilligt haben, während weitere 5000 Mk. von dritter privater Seite gestiftet worden sind, wird in dem heute beginnenden Geschäftsjahre in Angriff genommen und von dem Herausgeber Herrn Preisigke mit der ihm eigenen Energie und Arbeitsfreudigkeit gefördert werden.

Für das Papyruskartell haben wir im abgelaufenen Jahre keine neuen Bewilligungen zu machen gehabt. Die Verhandlungen über seine Erneuerung sind noch nicht abgeschlossen, und wir müssen uns unsere Entscheidung über unsere fernere Teilnahme daran noch vorbehalten. Für einen im vorigen Jahre gemachten Ankauf waren aus früheren Bewilligungen noch ausreichende Mittel vorhanden. Für den Thesaurus linguae latinae haben wir wiederum 600 Mk. beigesteuert und uns so an dem großen gemeinsamen Werke der deutschen Akademie nach dem Maße unserer Kräfte beteiligt.

Außer den größeren wissenschaftlichen Unternehmungen, die durch uns ins Leben gerufen oder unterstützt worden sind, haben wir auch anderweit, soviel unsere Mittel gestatteten, den Gesuchen um Subventionierung privater wissenschaftlicher Arbeit gerecht zu werden gesucht. So haben wir Herrn Dr. Stroux 500 Mk. zur Förderung seiner Studien über die handschriftliche Überlieferung der rhetorischen Schriften Ciceros, Herrn Prof. Rosenthaler 200 Mk. zur Unterstützung seiner Arbeiten über das Saponin, der Kaiserl. Universitäts- und Landesbibliothek 400 Mk. zur Herausgabe von Katalogen ihrer deutschen und griechischen Handschriften bewilligt. Die uns von der philosophischen Fakultät überwiesene Summe von 1050 Mk. aus der Engelmannstiftung ist dem Privatdozenten an der Münchener philosophischen Fakultät Herrn Dr. Kehrer zur Unterstützung seiner Studien über die spanische Kunst im 17. Jahrhundert zuerkannt worden; über den gleichen Betrag, der uns für das laufende Jahr zur Verfügung gestellt ist, wird die Mitgliederversammlung im November zu beschließen haben.

Die zwei regelmäßigen Mitgliederversammlungen des abgelaufenen Geschäftsjahres haben am 23. November 1912 und am 15. Februar 1913 stattgefunden; in der ersten hat Herr Lobstein uns durch einen anziehenden Vortrag in die Ergebnisse seiner Studien über die Religion Rousseaus einblicken und damit auch unsere Gesellschaft an der Hundertjahrfeier des großen Denkers teilnehmen lassen; in der zweiten hat Herr Winter uns in die Welt des hellenistischen Pompeji eingeführt, deren Erforschung er seit einigen Jahren seine Arbeitskraft und sein glänzendes Talent widmet.

Es war voraussichtlich für längere Zeit das letzte Wort, das Herr Winter in unserem Kreise gesprochen hat. Denn mit dem Schluß des vorigen Semesters hat er Straßburg verlassen, um nach Bonn überzusiedeln; gleichzeitig mit ihm ist Herr Czerny einem Rufe nach Berlin gefolgt. Schon vorher im Herbst 1912 haben die Herren Bäumker, Biedert und Laqueur ihren Wohnsitz nach München, Darmstadt und Gießen verlegt und sind damit wie die zwei vorhergenannten aus der Reihe der ordentlichen in die der auswärtigen Mitglieder übergetreten. Wir hoffen und wünschen, daß sie der Zugehörigkeit zu unserer Gesellschaft auch in der neuen Heimat eingedenk und dadurch dauernd mit uns verbunden bleiben.

Ganz verloren haben wir im abgelaufenen Jahre vier unserer Mitglieder, die der Tod aus unseren Reihen abberufen hat: am 5. August 1912 Herrn Ernst Becker, der unserer Gesellschaft mit ihrer Gründung angehörig,

1909 als auswärtiges Mitglied nach Freiburg übergesiedelt war, am 2. Januar 1913 Herrn Julius Euting, den Meister der semitischen Epigraphik, den unermüdlichen Wanderer im fernen Osten und in den heimischen Bergen, der in Stadt und Land vielleicht der populärste Mann aus unserem Kreise war, am 17. Mai 1913 Herrn Heinrich Weber, den großen Mathematiker und liebenswürdig gütigen Kollegen, den Rektor dreier Hochschulen, der neben fruchtbringendster Arbeit in seiner Wissenschaft stets die Zeit fand, an den allgemeinen Interessen den lebendigsten Anteil zu nehmen, einen der Gründer unserer Gesellschaft und seit dem Juli 1912 Mitglied ihres Ausschusses, endlich am 11. Juni dieses Jahres Herrn Eduard Holzapfel, einen in seinem Fach hervorragenden Gelehrten, dessen letzte Lebenszeit durch schweres Leid getrübt war, bis ihn selbst eine tückische Krankheit dahinraffte.

Wir gedenken der dahingeschiedenen Kollegen in Treue und Dankbarkeit, und wir begrüßen zugleich — denn eine Gesellschaft wie die unsrige muß über Tod und Abschied hinweg sich immer neu verjüngen — wir begrüßen zugleich die Mitglieder, die in dem abgelaufenen Jahre durch Wahl in unseren Kreis eingetreten sind: Herrn Emil Bronnert aus Niedermorschweiler, Herrn Joseph Clauß aus Schlettstadt, Herrn Adolf Hecker, Herrn Paul Manasse und Herrn Edgar Wedekind aus Straßburg. Wir heißen sie auch öffentlich willkommen und wünschen und hoffen, daß sie an unseren Arbeiten gern und tatkräftig teilnehmen. Denn solcher Anteilnahme ihrer Mitglieder bedarf unsere Gesellschaft gerade bei der ihr eigenen Verfassung, um sich auf die Dauer gedeihlich weiter zu entwickeln. Sie bedarf ihrer, weil sie nicht bloß aus einer kleinen Schar auserwählter Akademiker besteht, sondern alle, die mit unserer Universität durch ein festes Band verbunden sind und darüber hinaus eine Anzahl der wissenschaftlich meist interessierten und bestqualifizierten Kräfte des ganzen Landes in sich zu vereinigen bemüht ist, und weil sie die wichtigsten Entscheidungen der so zusammengesetzten Gesamtheit ihrer Mitglieder, nicht wenigen leitenden Personen anvertraut. Wenn aber diese lebendige Anteilnahme ihrer Mitglieder, wie sie bisher vorhanden war, unserer Vereinigung auch ferner erhalten bleibt, so dürfen wir zuversichtlich erwarten, daß das Leben der Straßburger Wissenschaftlichen Gesellschaft sich auch in Zukunft in aufsteigender Linie bewegen wird, der Wissenschaft, unserer Hochschule und unserem Lande zur Ehre und zum Heile.

VERZEICHNIS DER MITGLIEDER
DER
WISSENSCHAFTLICHEN GESELLSCHAFT ZU STRASSBURG
(1. Januar 1914)

1. ORDENTLICHE MITGLIEDER:

Albrecht, P.
Anrich, G.
Back, O.
Bauschinger, J.
Bayer, H.
Böckenhoff, K.
Bour, S., in Metz.
Braun, F.
Bresslau, H.
Bronnert, E., in Niedermorschweiler.
Bücking, H.
Cahn, A.
van Calker, F.
Clauss, J., in Schlettstadt.
Chiari, H.
Cohn, E.
Dehio, G.
Döderlein, L.
Ehrhard, A.
Ernst, Chr., in Metz.
Ewald, R.
Fahrner, I.
Fehling, H.
Ficker, J.
Gerland, G.
Goette, A.
Hecker, Ad.
Hecker, O.
Heinisch, P.
Henning, R.
Hergesell, H.
Hertel, E.
Hofmeister, F.
Jost, L.
Jung, E.
Kaiser, H.
Keil, B.
Keune, B., in Metz.
Kisch, W.
Klostermann, E.
Knapp, G. F.
Kohlrausch, Ed.
Koeppel, E.
Kröll, H.
Küchler, F.
Laband, P.
Landauer, S.
Lang, A.
Ledderhose, E.
Lenel, W.
Leumann, E.
Levy, E.
Littmann, E.
Lobstein, P.
Madelung, O. W.
Manasse, P.
Mayer, E.
Mayer, M. E.
Molitor, H., in Colmar.
Müller, E.
Neumann, K. J.
Nöldeke, Th.
Nölting, E., in Mülhausen.
Nowack, W.
Plasberg, O.
Preisigke, F.
Rathgen, B.
Rehm, H.
Reye, Th.
Rohr, I.
Sapper, K.
Sartorius, Frh. v. Waltershausen, A.
Schmiedeberg, O.
Schorbach, K.
Schultz, F.
Schultz-Gora, O.
Schultze, A. S.
Schur, F.
Schwalbe, G.
Simon, M.
Smend, J.
Graf zu Solms-Laubach, H.
Spahn, M.
Spiegelberg, W.
Spitta, F.
Stapper, R.
Stilling, J.
Störring, G.
Thiele, J.
Thrämer, E.
Thumb, A.
von Tuhr, A.
Uhlenhuth, P.
Wedekind, E.
Weidenreich, F.
Wellstein, J.
Wenckebach, F.
Wiegand, W.
Winckelmann, O.
Wittich, W.
Wolfram, G.
Wollenberg, R.

2. AUSWÄRTIGE MITGLIEDER:

Bäumker, Cl., in München.
Beneschewitsch, Wl., in St. Petersburg.
Beer, G., in Heidelberg.
Biedert, Ph., in Darmstadt.
Czerny, A., in Berlin.
von Dobschütz, E., in Halle.
Faulhaber, M., in Speyer.
Gradenwitz, O., in Heidelberg.
Krazer, A., in Karlsruhe.
Laqueur, R., in Gießen.
Lenel, O., in Freiburg.
Mayer, O., in Leipzig.
Meinecke, F., Freiburg i. Br.
Moritz, F., in Köln.
Reitzenstein, R., in Freiburg in Br.
Schramm, E., in Bautzen.
Schüle, H., in Illenau.
Schwartz, E., in Freiburg i. Br.
Timann, F., in Berlin.
Windelband, W., in Heidelberg.
Winter, F., in Bonn.
Zahn, J., in Würzburg.
Ziegler, Th., in Frankfurt a. M.

GESCHÄFTSFÜHRENDER AUSSCHUSS:

Vorsitzender: H. Bresslau.
Stellvertretender Vorsitzender: G. Schwalbe.
Schriftführer: J. Ficker.
Stellvertretender Schriftführer: W. Wiegand.
Kassenführer: H. Rehm.
Beisitzer: J. Bauschinger, A. Ehrhard.

Schriften der Wissenschaftlichen Gesellschaft in Straßburg:

Heft 1: Der Papyrus Libbey. Ein ägyptischer Heiratsvertrag. Von *W. Spiegelberg.* Mit drei Tafeln in Lichtdruck. 4°. IV, 12 S. 1907. ℳ 4.—

Heft 2: Arabische Beduinenerzählungen: Arabischer Text. Von *Enno Littmann.* 4°. VII, 58 S. 1908. ℳ 8.—

Heft 3: Arabische Beduinenerzählungen: Übersetzung. Von *Enno Littmann.* Mit 16 Abbildungen im Text. 4°. XI, 57 S. 1908. ℳ 6.—

Heft 4: Die griechischen Martyrien. Rede, gehalten bei der ersten Jahresversammlung der Wissenschaftlichen Gesellschaft in Straßburg am 6. Juli 1907. Von *Albert Ehrhard.*

Mit Anhang: Erster Jahresbericht der Wissenschaftlichen Gesellschaft in Straßburg, erstattet bei der ersten Jahresversammlung am 6. Juli 1907, von ADOLF MICHAELIS. Mit dem Verzeichnis der Mitglieder der Gesellschaft. 4°. 30 und 8 S. 1907. ℳ 3.—

Heft 5: Studien zu Quintilians größeren Deklamationen. Von *R. Reitzenstein.* 4°. IV, 90 S. 1909. ℳ 9.—

Heft 6: Über die pseudoapostolischen Kirchenordnungen. Von *E. Schwartz.*

Mit Anhang: Zweiter Jahresbericht der Wissenschaftlichen Gesellschaft in Straßburg, erstattet am 4. Juli 1908 von ADOLF MICHAELIS. Dritter Jahresbericht der Wissenschaftlichen Gesellschaft in Straßburg, erstattet am 3. Juli 1909 von THEOBALD ZIEGLER. Mit dem Verzeichnis der Mitglieder der Gesellschaft. 4°. IV, 40 und 15 S. 1910. ℳ 4.—

Heft 7: Bußstufen und Katechumenatsklassen. Von *E. Schwartz.* Lex. 8°. IV, 61 S. 1911. ℳ 3.50

Heft 8: Griechische Urkunden des Ägyptischen Museums zu Kairo. Von *Friedrich Preisigke.* Lex. 8°. VIII, 58 S. 1911. ℳ 3.20

Heft 9: Venezianisch-Istrische Studien. Von *Walter Lenel.* Mit 3 Tafeln in Lichtdruck. Lex. 8°. XV, 197 S. 1911. ℳ 10.50

Heft 10: Zur nordarischen Sprache und Literatur. Vorbemerkungen und vier Aufsätze mit Glossar. Von *Ernst Leumann.* Lex. 8°. VIII, 147 S. 1912. ℳ 9.60

Heft 11: Die juristische Persönlichkeit der standesherrlichen Familie. Von *Hermann Rehm.* Lex. 8°. VI, 76 S. 1911. ℳ 3.—

Heft 12: Burzōes Einleitung zu dem Buche Kalīla waDimna. Von *Theodor Nöldeke.* Lex. 8°. V, 27 S. 1912. ℳ 1.50

Heft 13: Ein Erbstreit aus dem ptolemäischen Ägypten. Von *Otto Gradenwitz, Friedrich Preisigke, Wilhelm Spiegelberg.* Mit vier Tafeln in Lichtdruck. Lex. 8°. VII, 62 S. 1912. ℳ 6.—

Heft 14: Das tausendjährige Jubiläum der deutschen Selbständigkeit. Rede, gehalten in der Wissenschaftlichen Gesellschaft zu Straßburg, am 1. Juli 1911. Von *Harry Bresslau.*

Mit Anhang: Vierter und fünfter Jahresbericht der Wissenschaftlichen Gesellschaft in Straßburg, erstattet von THEOBALD ZIEGLER. Mit dem Verzeichnis der Mitglieder der Gesellschaft. Lex. 8°. III, 16 und 17 S. 1912. ℳ 1.20

Heft 15: Der Alexandersarkophag aus Sidon. Von *Franz Winter.* Format 57 × 50 cm. 18 Seiten Text und 18 Tafeln in Faksimile-Farben-Lichtdruck 1912. In Mappe ℳ 120.—

Der Alexander-Sarkophag ist eines der herrlichsten Denkmäler antiker Kunst, die uns erhalten sind. Professor Winter konnte die photographischen Aufnahmen des Sarkophags in Konstantinopel, dem jetzigen Aufbewahrungsort des Kunstwerkes, aufs sorgfältigste herstellen und überwachen. Der Faksimile-Farben-Lichtdruck, durch die Firma Albert Frisch in Berlin ausgeführt, gibt die herrliche Harmonie des Ganzen aufs getreueste wieder.

Kolibri 360 GmbH
Ferdinand-Jühlke-Straße 7
99095 Erfurt, Deutschland
produktsicherheit@kolibri360.de